新たな時間の旅42軒

今日も、東京 古民家カフェ日和

42 Tokyo Old House Cafes

川口葉子

世界文化社

はじめに

二〇一九年三月に発売した『東京 古民家カフェ日和』は、幸いにも多くの方々にご愛読いただいて版を重ねてまいりました。

古民家カフェの屋根の下には、建てられた当時のゆるやかな時間の流れがまだ音楽の残響のように漂っていて、訪れる人々は無意識のうちにその豊かな響きを聞き取っているのかもしれません。

変化の激しい東京の街角に、よくこんな古い建物が残っていたものだ——そう感心することも少なくなかったのですが、当時の取材を通して、それらは「残った」のではなく、関わった人々が懸命になって「残した」のだと知りました。

しかし、刊行の翌年春に始まったコロナ禍や、食材の相次ぐ大幅な値上げ、人手不足などが飲食店に及ぼした影響は大きく、掲載店の中には惜しまれつつ閉店したカフェが何軒もあります。本書ではそれらに代わり、新たに誕生した十四軒の素晴らしい古民家カフェをご紹介しています。また、再掲載店についても現時点での最新の情報に更新しました。

協力／一般社団法人全国古民家再生協会

古民家カフェとは

一般的には築五十年以上の家が古民家と呼ばれています。その根拠は、文化庁が登録有形文化財の登録基準を「建築後五十年を経過した建造物」と定めているため。

お話をうかがった全国古民家再生協会では、古民家を「一九五〇年以前に、伝統的構法*で建てられた家」と定義していました。建築基準法が一九五〇年に制定されて以来、伝統的構法はしだいに衰退し、もはや築五十年になる家でも在来工法で建てられているのだそうです。

本書ではそれらをふまえつつ、古民家カフェを「築五十年以上の建物を転用・再生したカフェ」と定義しました。転用、つまり本来は違う目的で造られた古い建物に価値を見出し、カフェとして新たな生命を吹きこむこと。

同じ東京都内でも東と西では土地の性格が異なり、古民家カフェもまた違う表情を湛《たた》えています。長屋や銭湯を改修した二十三区内のカフェ。養蚕農家や織物工場を改修した多摩地域のカフェ。それぞれの背景に下町の風景、里山の風景が目に浮かんできます。

本書でご紹介する東西四十二軒の中に興味を惹かれるカフェがありましたら、ぜひ足を運んでみてください。

川口葉子

＊伝統的構法……木の特性を活かして、釘などの金物を使わずに柱や梁《はり》の木組みをおこなう日本古来の軸組構法

もくじ

・(cup mark)は改訂版となる本書で新掲載のカフェです。
・本書に掲載されている情報は、2024年10月現在のものです。営業日時などの情報は随時変更になりますので、お出かけの際は各カフェの公式サイト、SNSなどをご確認ください。
・本書で紹介するメニューの価格の税込・税別は、各menu欄をご参照ください。
・menu欄の「珈琲」「コーヒー」等の表記は、お店に従っています。
・ラストオーダー（LO）は閉店時間と異なる場合があります。

谷根千エリア p152
②④⑤⑥⑦⑧⑯
スカイツリーエリア
p153
⑰⑱
浅草橋エリア
p153
⑩⑪⑬
池袋
山手線
上野
西国分寺
三鷹
中央本線
中野
新宿
秋葉原
四ツ谷
東京
府中本町
渋谷
品川
蒲田

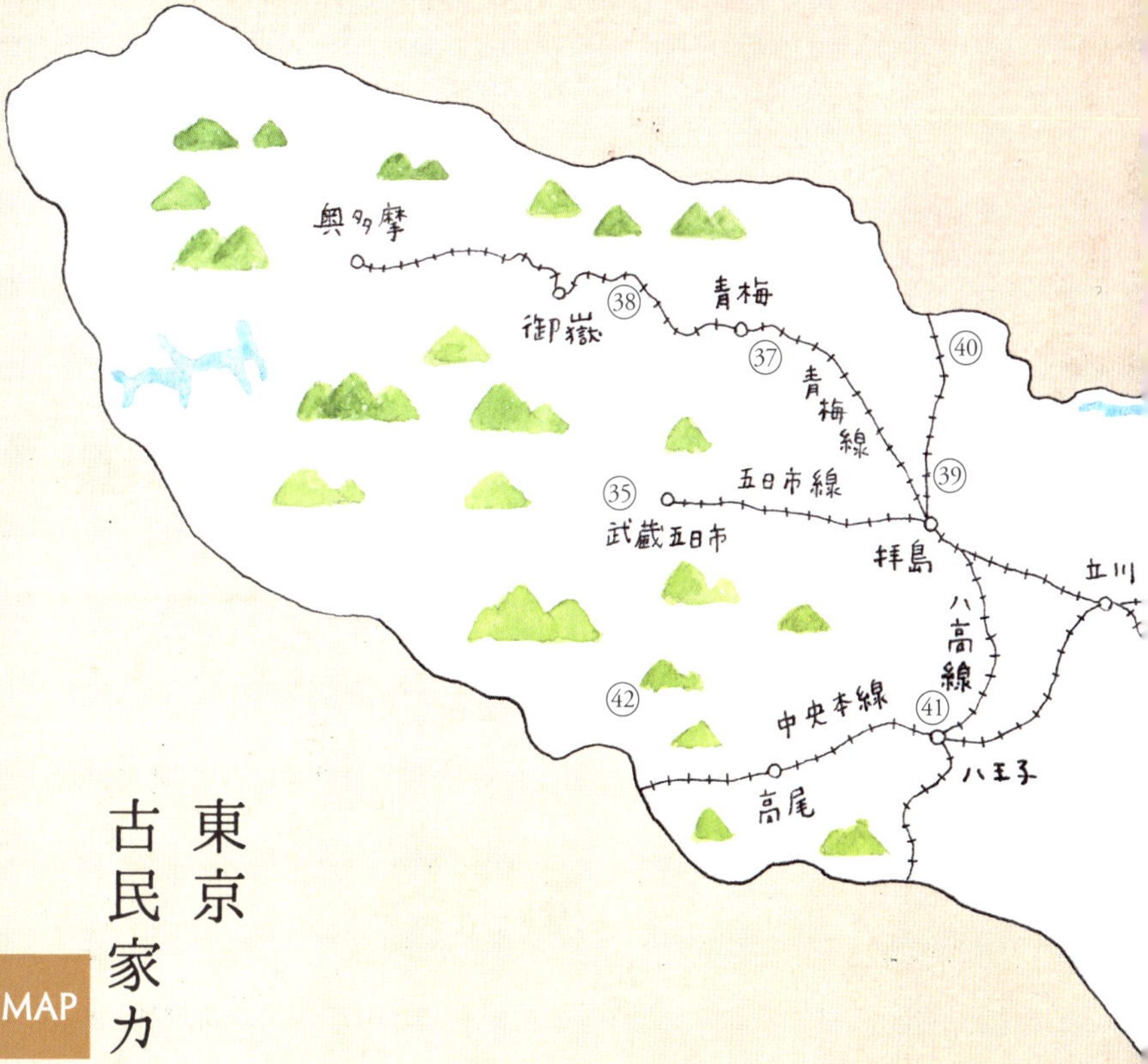

MAP

東京古民家カフェ

より詳細な「カフェ別map」はp152〜158をご覧ください

1

カフェおきもと

老姉妹が暮らした国分寺最古の洋風別荘建築

国分寺

沖本邸の居間だった部屋。大谷石の暖炉はストーブを設置するよう設計されている

敷地入口でブリキのフクロウたちが来訪者を歓迎する。銅板を葺いた半切妻屋根の洋館は、関西を拠点とした貿易商、土井内蔵氏の別荘として建てられた

国分寺市の住宅街の一角に、九十歳を超えた姉妹が人づきあいを避け、カーテンを閉めきってひっそりと暮らしていた古い邸宅があった。近隣の人々にも忘れられたまま雑木林に深く覆い隠されていたその家が、奇跡のような物語を紡いで二〇二〇年に「カフェおきもと」となり、扉を開けて人々を迎え入れている。

初夏の晴れた日、六百坪もの敷地の新緑はまばゆいばかり。私は庭の小径《こみち》をたどって洋館へ向かった。終わりかけの薔薇《ばら》から紫陽花《あじさい》へと、アゲハ蝶が何羽も舞っている。

玄関を上がってすぐの一室は、大谷石の暖炉《だんろ》を備えた往年の居間。その落ち着いた空間に席をとり、おいしいと評判のランチを楽しみながらも目はずっと幸福に忙しいままだ。凝ったデザインの窓枠。楓《かえで》の枝ごしに射しこむ木漏《こも》れ日。

カフェのオーナーは隣家に住む久保愛美さん。専業主婦だった久保さんが、なぜ血のつながりのない沖本家の老姉妹から邸宅を譲り受けることになったのか。そしてなぜ荒れ放題だった建物と庭をカフェへと生まれ変わらせることを決意したのか、お話をうかがった。

久保さんは長年にわたり良き隣人として、身寄りのない老姉妹に食事を差し入れたり夕食に招いたりと、あたたかな心づかいを続けてきた。土地をめぐるトラブルから人間不信に陥っていた姉妹も、久保さん一家には心を開いて交流を深めていた。

やがて姉の沖本京子さんが入院。京子さんは余命を悟り、久保さんに「残される妹が気がかりなので、久保さんの長女を養女に迎えてこの家を譲りたい」と申し出たのだった。

　とまどう久保さんも、当時大学生だった娘さんも、「時代を生き抜いてきた家と、庭の自然が失われるのはしのびない」という思いは同じで、慎重な家族会議の末に老姉妹の願いを叶えることを決断する。

「一人になった妹の智子さんと相談し、この家を老人ホームにすることを検討しましたが、費用の面で断念。二人でカフェを開きたいねと冗談半分で話していました」

　そこへ現れたのが、由緒ありそうな邸宅があると聞きつけた市役所の文化財課の担当者。久保さんは単なる古い家だとみなしていたが、専門家による調査が進むにつれて国分寺市に現存する最古の貴重な洋風別荘建築であることが判明する。

「人が暮らさなくなった家は老朽化

洋館の設計者、川崎忍は兵庫県宝塚市にある土井内蔵氏の本宅設計も手がけており、こちらも「旧松本邸」として国の有形文化財に登録されている
下／旧居間の隣の角部屋もカフェ空間として再生。2面の窓に庭の緑と陽光が躍る
左／往年の調度品やラジオが残る洋館の旧居間

右／1940年に増築された和館は入母屋造りの桟瓦《さんかわら》葺《ぶ》き。登録有形文化財
左／在りし日の沖本智子さんの微笑み

が進んでしまう。活用してはどうかと文化財課のかたに助言をいただき、カフェ開業を決めました」

　そして沖本家住宅は建築学的、歴史的に価値あるものとして国の有形文化財に登録されたのだった。

　国分寺崖線《がいせん》と呼ばれる段丘の高台は、大正時代から昭和初期にかけて裕福な人々の別荘地となったエリア。沖本邸はその一角にある。洋館は一九三三年に貿易商の別荘として建てられ、三七年に海軍少将の沖本至氏に譲渡された。四〇年、沖本氏が来客用の和館を増築。渡り廊下によって洋館とつながっている。

　洋館の設計者、川崎忍はカリフォルニア大学で建築を学び、弘前女学校などの設計を手がけている。

　沖本姉妹はこの優雅な邸宅で育った。京子さんは医師となり、智子さんは洋館の一室でピアノ教室を開いていた。父の至氏の他界後、二人だけでこの家で生活していた姉妹は、家の修繕も改装もいっさい許さなかったが、そのおかげで建設当時の貴重な姿が保たれてきたのだ。壁の片隅には、米軍の爆撃を受けた際の痕跡もいまだ生々しく残されている。

「戦争を経験したからでしょう、二人は洗濯機などを買い替えても古いものを捨てませんでした。部屋には国産家電の初代から数世代にわたる製品がためこまれていたんです」

　そんな空間に閉じこもっていた姉妹にとって、笑顔で世話を焼きに来てくれる久保さんの存在はどれほど有り難かったことだろう。

　姉妹から託された邸宅と、荒れ放題の庭。久保さんは膨大なゴミ捨て作業から始めて、数年の月日をかけ

右／洋館の玄関ポーチに立つ沖本一家
左／大きなガラス戸からふんだんに陽光が射しこむ和館

てコツコツと改修工事や庭の手入れを進めながら、カフェスクールに通って経営を学んだ。

「子ども時代に『秘密の花園』を愛読し、自分でもそんな夢物語をノートに書いたことがあるんです」

その夢が現実になったかのような庭の眺めである。施設に入った智子さんもたいそう喜んでくれたそう。

二〇二三年、智子さんは百二歳でこの世を去る。生前の最後の希望はもう一度ピアノ教室の生徒たちの音楽会を開くことだった。沖本邸のピアノはすでになく、コロナ禍のため老人ホームでの音楽会も難しくなっていたが、優しい久保さんは実現に向けて動いていた。

「国立駅の旧駅舎にあるピアノを無料で貸していただけることになり、智子さんの元教え子が『子犬のワルツ』の練習を始めました」

音楽会の当日は介護タクシーを使って会場に行く手はずも整い、心から楽しみにしていた智子さんだが、前日に息をひきとった。

「それはもう、最高に幸せな最期だったのでは」と言わずにはいられなかった。長い人生の最後の日に明日を楽しみにしていたなんて。

築九十年を超えた家屋は、次々に修繕を必要とする箇所がみつかる。やるべきことが多すぎて庭仕事まで手が回らないんですよ、と困り顔で微笑む久保さん。毎日のカフェメニューの仕込みも手が抜けない。

この貴重な場所を維持するため、地域の人々や沖本邸の関係者をはじめ、幅広い人々が「沖本倶楽部」に参加している。いい空間と優しい隣人愛のあるところに、人は集うのだ。

右下／カフェのメニューはひと手間加えたおいしさ。彩りも楽しいラップサンド（2,380円）は、低温調理したタンドリーチキンのふっくらした食感が魅力
下／2階の一室では庭に面した窓辺にカウンターが設けられ、空と緑を眺めながら喫茶時間が過ごせる

● menu（税込）
コーヒー　700円
自家製レモネード　720円
ランチ各種（ドリンク付）
　2,380円
ケーキ各種　680円〜

● かふぇおきもと　map p154①
東京都国分寺市内藤2-43-9
042-572-1234
11:00〜17:00（LO16:00）
※金・土は18:00〜21:00も営業
（完全予約制）、コースのみ
火・水・木休
JR「国立」駅より徒歩8分

第1章

路地に残る家

下町の路地に残る長屋や、花街の残り香が漂う一軒家、九十年間親しまれた銭湯など、二十三区内に残る古民家カフェをご紹介します。仏間や神棚など、家の中に祈りの空間があった時代の記憶を探すのも楽しみのひとつ。

23区内の古民家カフェ

2

散ポタカフェ
のんびりや
築百年を超える
元 文房具店で
谷中文化を味わう

谷中

2016年オープン。昭和半ばまで女性が文房具店を営んでこの家を守っていたそう。のんびりやは残されていた古い家族のアルバムも大切に保存している。女性の夫は「全国を回って民謡コンテストの司会をされていたようです。旅芸者のような恰好の写真も残されています」

路地で偶然出会った、見るからに古い一軒家。店先のバス停のような看板と椅子。並んだ酒瓶と本箱。外観に興味をそそられて引き戸に手をかけた自分を称えたい。

コーヒーと共に注文した「オムライス【黒】」も、ビールを呼ぶ「スーパーマリオフライ」も、おいしさの中に小さな驚きが仕込まれていた。

「散ポタカフェ のんびりや」は、一九一九年に民家として建てられ、戦後から昭和半ばまで文房具店だった空間に、店主夫妻が時間をかけて少しずつ改装を加えてきたお店。建物の原型を保ちながら、その生命を少しでも長続きさせるためだ。

座敷には柱時計やテレビ、ステレオなど、この場所に残されていた昭和の暮らしを支えた道具がそのまま並び、懐かしい風情が漂っている。

sun potter cafe nonbiriya
のんびりや
谷中五丁目
2

この界隈では珍しくないそうだが、コンクリートの床下には戦時中の防空壕が埋もれている。

「お店を始めてから一度、コンクリートを敷き直しています」と話してくれたのは女将の、もしゃさん。

「ワンちゃん連れのお客さまも多いんですが、ワンちゃんは床に穴を見つけると掘って深くしてしまう（笑）うちはどんなお客さまも分け隔てなくお迎えしているので、杖をついた方や妊婦さんに安心していただけるようコンクリートを敷き直して段差をなくしたんです」

地元の人も観光客も、手話で会話をする人も近隣のお寺の人々も、飲んだり食べたりしながらくつろぐ。海外からの観光客と思いきや、東京在住の常連客だったりもする。

のんびりやが大切にしているのは建物だけではない。下町に根づいてきた無形の文化、たとえば道ゆく見知った顔にひと声かけること、はしご酒をしながら街と人を楽しむ流儀など、「日々のおつきあいを通して、自分たちが美しいなと思う食文化やちょっとした日常の習慣を残していきたい」と、もしゃさん。

お客さまにはしご酒やコーヒーホッピング*のおすすめを伝えたり、コロナ禍以前は御神輿《おみこし》の担ぎ手を集め、町会の人と外から来る人の橋渡しをしたりと、人や場所をつないできた。のんびりやは谷中の街のコンシェルジュなのだ。

オムライス【黒】（1,200円）、スーパーマリオフライ（880円）

［左ページ］昭和の記憶を物語るお座敷。日用雑貨の多くがこの家に残されていた“天然”もの。テレビもまだ映る。もしゃさんは谷中界隈で生まれ育ち、ここで生活する下町っ子。「特にアピールしてないんです。そういうものは自然に漏れ出るものじゃないかな」と笑う

● menu（税込）

のんびりや珈琲　800円
旨甘チャイティー　800円
揚げ胡麻団子　3個540円～
ランチプレート各種　1,100円～
クレームブリュレ　500円

● さんぽたかふぇ のんびりや
map p152②
東京都台東区谷中5-2-29
03-6879-5630
11:30～15:00、18:00～23:00
※土・日・祝は11:00～23:00
水・木休
東京メトロ「千駄木」駅より徒歩6分

＊コーヒーホッピング……コーヒーをめぐる散歩のこと

SEIKOSHA
SEIKOSHA

右／当代の平野氏は古いものと新しいものの組みあわせを好み、近年バカラのランプを加えた
中／黒ずんだ風合いの木札が材木商としての歴史を物語る
左／窓の外はすぐ神田明神。欄干は神社仏閣を思わせる格式高い意匠

3

CAFE IMASA

江戸から続く裕福な材木商の暮らしと文化をしのんで

神田

神田明神の境内に隣接する公園に、粋な気配をまとった黒い家が立っている。優れた防火性をもつ江戸黒漆《しっ》喰《くい》を外壁に塗りこんだ、千代田区指定有形文化財「遠藤家旧店舗・住宅主屋」である。

冠木門《かぶきもん》を通って玄関前に立つと、風格を漂わせる「井政」の看板と目が合う。これが屋号。遠藤家は鎌倉材木座の材木商で、徳川家康が江戸城を普請《ふしん》する際に呼び寄せられて神田に移り住んだ。

嬉しいことに、店の土間と帳場を復元した空間と庭がカフェとして公開されている。屋久杉の素晴らしい杢目《もくめ》をいかした建具や更紗《さらさ》を張った建具、欄間《らんま》など、細やかで手の込んだ造作に見入ってしまう。

季節ごとのしつらいには、見る人が見れば人間国宝の作者が手がけた

[左ページ] 渋い色調の外観。先代の遠藤達藏氏は着物も黒や焦げ茶などの渋好みだったという。されど外出時の羽織の裏地は派手だったという江戸っ子の粋

井政

手桶と知れるものや、大正時代の工芸作家の水盤などがさりげなく用いられる。いずれも目立ちこそしないが、精緻な技術と感性が凝縮された作品だ。当主は「いい仕事」がしてあるもの、伝統工芸の中にセンスが光る作品を好むのだという。江戸の昔から連綿と続いてきた大店《おおだな》の美意識をしのびながら、甘いものを頬張るひととき。

この家は時間と空間の旅を重ねてきた。元の店舗が存在していたのは鎌倉河岸《がし》と呼ばれた日本橋川のほとり、現在の内神田である。一帯は関東大震災で甚大な被害を受け、遠藤家は三年の月日をかけて建て直しをおこなった。現在では入手不可能な銘木を贅沢に用いていて、江戸の伝統技術を受け継いだ職人たちが腕により をかけ、一九二七年にこの建物を完成させたのだった。

その後、幸運にも東京大空襲を免れた遠藤家だが、東京オリンピックと高度経済成長が街をすっかり変貌させてしまう。周辺は次々にコンクリートのビルに建て替えられていき、この建物は一九七二年、府中市の資材置き場に移築されたのである。

神田の家で生まれ育った先代の遠

緑輝く2階の夏のしつらい。鴨居に涼しげな御簾《みす》が下がる

フレッシュレモネードとガトーショコラのセット（1,300円）

藤達藏氏は、神田明神の氏子総代を代々つとめてきた深い縁もあり、いつか家を神田に戻して後世に残したいと願ってやまなかったそうだ。

遺志が叶ったのは二〇〇九年のこと。長女にして十七代目の平野徳子氏らの尽力によって千代田区の有形文化財に指定され、神田明神の隣に移築されたのだった。平野氏は家と家族の記憶をこう語っている。

「いま思えば父も祖父も、江戸を感じさせる人たちでした。年表ではここまでが江戸時代、ここからが明治時代ときっぱり区切ることができても、人の暮らしはそうはなりませんから、江戸時代から積み重ねてきた情緒や風情、さまざまな慣習などはそのまま受け継いでいたのだと思います。そのような流れがあの家には確かにありました」

貴重な家屋の再移築を担当したのは、数寄屋建築の名手として知られる京都の中村外二工務店である。

「再移築したのは全体の三分の一ほど。遠藤家の調度品や美術品はそのまま展示しています」と、建物を管理するNPO法人のかたが教えてくれた。

「古い家と共に江戸の文化をいかに受け継いでいくかを主眼に、折々の伝統行事も大切におこないたいと思っています」

カフェ以外の建物内部の一般公開は春と秋の年二回おこなわれ、遠藤家所有の美術品や調度品もあわせて公開される。

茶室や二階の和室を見学（※要予約）させていただいた。障子ごしの茫《ぼう》洋《よう》とした光。深い陰に沈んでいる紫《し》檀《たん》の棚。船底天井や、杉枌板を編ん

上／端正なしつらいの2階の広間。床柱《とこばしら》には京都・北山杉の天然紋丸太を用いている
左／遠藤家の家紋である撫子《なでしこ》をあしらった欄間のある茶室。袋棚には遠藤達藏氏の着物の裂地《きれじ》を張った

だ天井、霧島杉と屋久杉を交互に張った竿縁《さおぶち》天井など、気品漂う造作の数々は見飽きることがない。

「日本の木材は桑も桐も、湿気の多い時には膨らみ、乾燥すると縮みます。そういう生きた木の性質をふまえながら日々、家や家具をいい状態に保つ努力をしてきました。紫檀や黒檀《こくたん》のような唐木は硬いので、歳月が経つとばらけてきます。この紫檀の棚も何度か締め直しをしていますが、最近はそういう仕事ができる職人さんがいなくなって……」

　ともあれ、江戸の余香を漂わせる貴重な家が甦《よみがえ》った意義は大きい。

「日常生活や自然の中に神様や仏様がいて、素直に手を合わせていた私たちの祖先の暮らしを、木の香りの中でくつろぎながら感じていただけたらと思います」

「店」の手前部分が小さなカフェ空間に。土間は敷瓦《しきがわら》をイメージした左官仕上げ

● menu（税込）
コーヒー　800円
レモネード　1,000円
ジャスミンティー　800円
ミントティー
（ポットサービス）　1,000円
スイーツセット
ドリンク代　+300円

● かふぇ いまさ　map p154③
東京都千代田区外神田2-16
宮本公園内（神田明神となり）
NPO法人 神田の家「井政」
（将門塚保存会会長旧宅）
03-3255-3565／11:00〜16:00
月休+不定休　※訪問前に公式サイトで確認を
JR・東京メトロ「御茶ノ水」駅より徒歩5分

明治棟は出桁《だしげた》造りの2階建て。国の登録有形文化財となっている。「花重」の陽刻がある瓦は、古瓦をもとに新たに焼いたもの

4

花重 谷中茶屋

明治三年創業の生花問屋で花とお茶の時間

谷中

桜並木の下、うららかな陽光を受けて徳川慶喜や渋沢栄一らが眠る谷中霊園の前に、国の有形文化財に登録された明治初期のどっしりした建物が「花重」の看板を掲げている。左手の門をくぐって敷地内に入っていくと、リノベーションされたばかりのカフェが現れる。

　このカフェはちょっとしたタイムマシンともいえる。訪れる人は店内や二階テラス、あるいは緑溢《あふ》れるガーデンテラスで過ごしながら、そうとは気づかずに江戸時代から約百七十年間の各時代の建築物をまたぐ旅をしているのだ。

　広い敷地の内部には、各時代の建物が寄り添うように立っている。道路に面したフラワーショップの建物は明治のもの。その左手で紫色の暖簾《のれん》をひるがえす門には、江戸末期

上／明治棟の横にある門は、生花店の荷解き場として使われてきた簡素な小屋だったが、リノベーション中にそれまで隠れていた江戸時代の長屋の柱が現れた。専門家の調査がおこなわれるまで、花重の人々は誰も存在を知らなかったという
下／鉄骨フレームで新設したテラスにハンモックチェアが揺れる

の長屋の痕跡が残っている。

　カフェは生花店の背後に立つ大正時代から戦前にかけての木造二階建て住居に、二〇二三年、鉄骨フレームの二階建てテラスを新設してオープンした。

「門からのアプローチを歩くお客さまは、江戸から明治、大正、昭和、そして現在までの建物を通ることになります。私はそれを『時代のオデッセイ』と呼んでいるんですよ」

　四代目の中瀬いくよさんはそう語る。入口の暖簾をくぐったら頭上をちょっと見上げてほしい。江戸時代の長屋の柱が残されているのだ。改修工事中にベニヤ板の壁をはがしたら現れたのだという。

　カフェの内部は開放感いっぱいの現代的空間に生まれ変わっており、屋内の席でもテラス席に座っても令

上右／２階テラス席
上中／「重」の文字が浮かぶ月餅（450円）
上左／自慢の「つぼ焼いもブリュレ」（800円）は北海道ソフト添え。夏はさわやかな自家製レモネードスカッシュ（550円）と共に
右／カフェは大正や昭和に建てられた住宅を再生

和時代の庭の植物たちの生命の彩りに目がうるおう。生花店とカフェは内部でつながり、カフェのそこかしこに飾られた季節の花々が気に入ったお客さまは、帰りがけに購入していくこともできる。

もともと花重は一八七〇年、谷中霊園の開設とほぼ同時期にお寺の門前で創業した生花問屋だ。創業者の関江重三郎が大八車に野菜や花を並べると、参拝する人々に供花がよく売れたのが始まりだという。

戦後、創業者と同じ名前をもつ三代目、関江重三郎氏が事業を拡大すると共に、海外の生花店を視察して回り、いち早くフローリスト養成学校を開校して国内のフラワーデザインの普及に貢献した。

中瀬さんはその長女。父親と夫が他界した後、不況や東日本大震災で

上右／生花店に残る看板
上左／明治棟の急な階段。地下には大谷石の壁で囲まれた花の保管室があり、現在も冷房を設置して活用している
下右／創業者の肖像画
下左／船底天井をもつ明治棟の2階。低い位置の虫籠《むしこ》窓《まど》は「店の前を通る大名を見下ろさないようにという江戸の人々の粋な配慮だと祖母から聞いています」

● menu（税込）
ナイトロコーヒー　660円
カフェラテ　550円
花重フレンチトースト　990円
花重ホットドッグ　660円
花重ソフトクリーム　400円

● はなじゅうやなかちゃや
map p152④
東京都台東区谷中7-5-27
TELなし／10:00〜17:00
火・第4水休
JR・ほか各線「日暮里」駅より徒歩6分

被害を受けた建物の修繕費用などで苦境に陥っていた経営を立て直すため、次々に重い決断を下していく。その困難な過程で、代々の先祖たちが護ってくれたとしか思えないような幸運にも恵まれた。

八棟の古い建物が立っていた敷地全体の大がかりな改修プロジェクトとカフェのオープンは、花重の再起を象徴するもの。歴史的建造物と、花重伝統の「じかもり」など花の技術を継承し、現在に伝える。

カフェからも見える生花店の床は、一部をガラス張りにして三代目が作った地下室が見えるよう設計されている。生花が低温で保管された室《むろ》の上をスタッフが行き来する光景は、百五十年にわたって営まれてきた日々の積み重ねの上に現在があるのだと教えてくれるようだ。

5

上野桜木あたり

昭和初期の家が
三軒寄り添う
懐かしい路地

谷中

花の雲　鐘は上野か　浅草か――この有名な芭蕉の句にある上野は、将軍家の菩提寺《ぼだいじ》だった寛永寺を指している。薄紅色の雲のように桜の花がたなびく空を渡って聞こえてくる寛永寺の鐘の音。

「上野桜木あたり」は、寛永寺からゆるゆると歩いて五分ほどの場所にある。一九三八年築の木造二階建て住宅が三軒、井戸のある小径と緑揺れる中庭をはさんで並んでおり、家だけではなく豆腐屋さんのラッパが聞こえてきそうな昭和の路地の風景が甦っているのがなんとも素敵だ。

このあたりにはまだ古い家々が残っているが、子孫が受け継ぐ際に、維持管理が困難なため解体して駐車場にしてしまうことが多いらしい。

上野桜木あたりの三軒も、数年間空き家状態が続いて駐車場になりか

[右ページ］右／懐かしい風情の漂う路地のつきあたりに２号棟と３号棟、井戸が見える
左／Think の外観
［左ページ］右上／Think のパンを代表する超高加水でもちもちした食感の「カンパーニュ」
右／伝統的なフランス菓子に現代的な軽やかさを加えた焼き菓子の数々。発酵バターの風味豊かな「マドレーヌ」は名品

けたところを、なんとか保存したいという思いでNPO法人たいとう歴史都市研究会や東京藝術大学の人々、地域の人々と家主が協力しあい、二〇一五年に街に開かれた場所として再生させたのだった。

建物の傾いた部分をジャッキで持ち上げるなどして、一年半をかけて改修がおこなわれた。一号棟は「谷中ビアホール」、二号棟にはブーランジェリーパティスリー「Think」が入居。三号棟には、塩とオリーブオイルの専門店「おしおりーぶ」などが並んでいる。

「Think」という店名が意味するのは「作ることは想うことから始まる」という理念。自家製酵母パンやお菓子の製造だけではなく、食べた人の笑顔、誰かに食べさせたいという気持ちなど、モノの向こうにある

上／3号棟入口。ガラス戸が緑の輝きを映して
左上／1号棟の谷中ビアホールの外観
左下／「テイスティングセット」(1,500円)、
「土鍋ローストフランクフルト」(650円)

想いを大切にすくいあげる。

共に実力派として知られるパティシエの仲村和浩さんとパン職人の鈴木嵩志さんが掲げたコンセプトは「Back to New Basic」。伝統や文化を引き継ぎながら、新たな価値を創造する味と食感を目指す。

「このコンセプトは、古民家に現代的な装飾をかけあわせた空間にも表現されています」と仲村さん。

古民家の厨房は、調理環境としてはデメリットも多いが、「季節の移ろいや日々の環境の変化を感じとるには職人の感性が問われるため、いい学びとなっている」という。パンとお菓子はコーヒーと共にテイクアウトして中庭で楽しむこともできる。

二号棟は空き家になる前の数年間はシェアハウスとして利用されていたそうで、海外から「以前、日本文

右上／壁に貼られた昭和30年代の新聞は、改修工事の際に畳の下から出てきたもの。野球のニュースにも広告にも昭和の暮らしがいきいきと躍っていて見飽きない
上／懐かしい風情の漂う谷中ビアホール店内

● menu（税込）

〈やなかびあほーる〉
谷中ビール各種　900円〜
クリームチーズ西京味噌漬け
550円
〈しんく〉※テイクアウトのみ
カンパーニュ ホール　1,600円
クロワッサン　380円
マドレーヌ各種　241円〜

● うえのさくらぎあたり　map p152⑤

東京都台東区上野桜木2-15-6 あたり
〈やなかびあほーる〉03-5834-2381
11:00〜20:00／月休
〈しんく〉03-5834-7547
11:00〜17:00（売り切れ次第閉店）
月・火休（祝日の場合は翌日休）
東京メトロ「根津」「千駄木」駅より徒歩10分

化に惹かれてこの建物に住んでいました」という女性が訪れ、一号棟の谷中ビアホールでクラフトビールを楽しんでいったこともあった。

「スタッフは出勤すると、毎朝まずすべての雨戸を開けることから始めます。九十歳近い家ですから、開けるには上手に押しこまないと戸袋に入らないんです」と、マネージャーの龍野さんはにこやかに語る。

「雨の日も乙《おつ》なもので、屋根を打つ雨音がよく聞こえたり、風が吹くたびに建具がガタガタ鳴ったりする。古民家は感覚に響くんです。そんな魅力を感じながら、ここでしか飲めない自家醸造の谷中ビールの飲み較べを楽しんでほしい」

たちのぼる金色の泡ごしに、花曇りの空に響きわたる寛永寺の鐘の音を想像してみた。

6

HAGI CAFE

アートの力で再生された
カフェが谷中に
未来を呼びこむ

谷中

六十以上の寺院の屋根が連なる谷中では、悠々と路地を闊歩、または昼寝する猫をよく見かける。谷中は寺町であると同時に猫町なのだ。

萩《はぎ》の花が咲き誇り、萩寺の愛称で親しまれる宗林寺。その境内に隣接する「HAGISO」は、一九五五年築の木造アパート「萩荘」を再生した小さな文化複合施設である。

スタートして十年、HAGISOは谷中の街と有機的に関わりながら成長し、徒歩圏内に飲食店や宿泊施設を十店舗展開するようになった。一階はカフェとギャラリー、二階にはHAGISOが近くの空き家を改修してオープン

左／往年のアパート「萩荘」の看板が残る店内
下／２階の廊下にアート作品を見つけた

したホテル「hanare」のレセプションが置かれている。

HAGISOのユニークな挑戦は、古い建物の不便さを魅力へと大胆に転換する。hanareは宿泊施設としての機能をあえてひとつの建物内で完結させず、街そのものを大きなホテルに見立てる。大浴場のかわりに街の銭湯へ、朝食はHAGISO内のカフェへ、夕食は街の飲食店へと、ゲストが地域の日常をまるごと体験して楽しめるよう誘導しているのだ。

朝の「HAGI CAFE」には、hanareの宿泊者と地元の人が入り交じって朝食を楽しむ素敵な光景がひろがる。

和定食のテーマは「旅する朝食」。季節ごとにスタッフが各地の生産者のもとに赴き、その土地自慢の食材で朝食を組み立てる。ある年には島根県産のお米や味噌、漬物などをメ

右／1階のHAGI CAFEは街歩きのひとやすみにもぴったり
上／オープン当初からの人気メニュー「サバサンド」（1,000円）は、からりと揚がった鯖と、塩漬けレモンの組みあわせ

ニューに組みいれた。その味に感激した海外からのゲストが翌年の来日時に島根県を訪れたり、この朝食がきっかけとなって生産者と食べる人をつなぐ食堂「TAYORI」が谷中三丁目に誕生したりと、縁が同心円を描いてひろがっている。

その中核をなすHAGISOは、元は老朽化した木賃《もくちん》アパートだった。東日本大震災後に解体が決まったが、萩壮をシェアハウスとして使っていた東京藝術大学の学生やアーティストたちが保存のために動いた。失われゆく下町の風景を惜しんだ彼らは萩荘を舞台に作品展を開催。その大盛況を受けて解体計画が一転、再生への道を歩むことになったのだ。街に寄せる愛情とアートが未来を拓《ひら》いた、かけがえのない場所だと思う。

階段の踊り場には谷中で催されるイベントの案内が置かれ、街のコンシェルジュの役目を果たしている

● menu（税込）
HAGISOブレンド　630円
HAGISO・オ・レ　680円
HAGISOパフェ　1,300円
半熟玉子のキーマカレー　1,200円
旅する朝食（ドリンク付）　1,300円

● はぎ かふぇ　map p152⑥
東京都台東区谷中3-10-25
03-5832-9808
毎日［モーニング］8:00〜10:30（LO10:00）
火〜木 12:00〜17:00（LO16:30）
金〜日 12:00〜20:00（LO19:00）
不定休
東京メトロ「千駄木」駅より徒歩5分

上／萩荘の住人だった宮崎晃吉さん率いる「HAGI STUDIO」がリノベーションをおこない、2013年に誕生したHAGISO
下／吹き抜けの高い天井をもつ1階ギャラリー

7

カヤバ珈琲

甦った谷中のランドマークに
コーヒーの香り

谷中

その昔、「カヤバ珈琲店」は二人のおばあさんが切り盛りしていたのを覚えている。久しぶりに訪れると扉が固く閉ざされていて立ちすくんだ。大正時代の貴重な町家で七十年間も営まれてきた喫茶店が消滅してしまうなんて——と、当時多くの人が閉店を惜しんだはずだ。

復活のために協力してプロジェクトを立ち上げたのがNPO法人たいとう歴史都市研究会と、谷中の銭湯を改装したギャラリー、SCAI THE BATHHOUSEである。建築家の永山祐子氏がリノベーションを担当し、閉店から三年後の二〇〇九年に待望の復活を果たす。

寄棟造りの二階建て。軒を大きく張り出した構造は、江戸時代から関東大震災に至るまで関東地方の商家によく見られた出桁造りで、谷

● menu（税込）
コーヒー　650円
カプチーノ　700円
みつ豆　650円
ハヤシライス　1,550円
※食事メニューはスープとサラダ付

● かやばこーひー
map p152⑦
東京都台東区谷中6-1-29
03-4361-3115
8:00〜18:00（LOフード17:00、デザート・ドリンク17:30）
月休（祝日の場合は翌火休）
東京メトロ「根津」駅より徒歩10分

連日多数のお客さまが訪れるが、近隣に配慮し、お店の前に並ばないようお願いしている
右上／2023年夏にカウンターまわりを改装。扉は創業当時、谷中の仏壇屋さんが製作
右中／ルシアン（680円）とたまごサンド（1,400円）
右下／2階の和室

中の魅力を象徴するランドマークとなっていた。一九一六年の建設以来、ここでミルクホール、かき氷・あんみつ店などが営まれてきたが、一九三八年に榧場《かやば》伊之助氏がカヤバ珈琲店として扉を洋風に替え、妻と娘にお店をまかせたのだという。

甦った「カヤバ珈琲」は、大正建築と昭和喫茶の風情を大切に保存しつつも随所に現代的な洗練が光る。「元のお店も和の建築に洋の要素をとりいれたモダンな空間だったのでは」と、運営にあたる宗島由喜さんは語る。創業当時のメニューであるルシアンやたまごサンドを受け継ぎながらも、「SOIL COFFEE & STOCK」の高品質なコーヒー豆を使用。レーズン酵母パンにディルマヨネーズが香る。この喫茶店は時代を超え、現在進行形でこの瞬間を生きているのだ。

8

喫茶ニカイ

青色の幻想がゆらめく部屋でクリームソーダを

谷中

「喫茶ニカイ」の碧《あお》い部屋で透明な水色のソーダを飲んでいると、青い気持ちになる。テーブルの花瓶にはステンドグラス製のブルーローズ。もし閉店後に真夜中までこの部屋にいたら、優しい表情の蒼《あお》い幽霊に会えるかもしれない。

　青をテーマカラーにした喫茶ニカイの店主、櫻井崇雄さんは、三崎坂《さんさきざか》にある築五十年以上の三軒長屋のひとつで、うつわ屋「kokonn」を開いていた。店名は古今東西のココン。コンは櫻井さんの好きな紺色のコンでもある。

　二〇・九年、その二階を改装して喫茶店をオープン。うつわ屋の中の階段を上がるとふたつの部屋が並んでおり、三崎坂に面した部屋には、どこか幻想的なブルーの数々が水の影のようにゆらめく。櫻井さんがペ

右／「ニカイのクリームソーダ」(715円)には、甘さを抑えたさわやかなフランス産ヨーグルトアイスとノスタルジックな小旗を添えて。チョコレートがとろけ出る「ニカイのフレンチトースト」(990円)と
上中／1階はうつわを扱う「kokonn」
魅力的なランプやキャンドルホルダーは千駄木のステンドグラス店 nido が手がけた

ンキの色にこだわった青い壁に並ぶ、たくさんの額縁。ステンドグラス専門店「nido」が手がけたランプや青い薔薇のオブジェ、直接買いつけに行ったチェコやポーランドなど東欧の古い雑貨たち。

　人気のメニューは、フランス産ヨーグルトアイスを浮かべた水色のクリームソーダ。

「じつはお酒が呑めて肴《さかな》もあり、純喫茶ではないというのもコンセプト。おばあちゃんの家のような居心地のいい空間でくつろいでほしい」

● menu（税込）

コーヒー　550円
クリームソーダ各種　715円
レモンサワー　660円
季節限定フレンチトースト
　990円〜
コンビーフ丼セット　1,265円

● きっさ にかい　map p152⑧
東京都台東区谷中6-3-8 2F
03-5834-2922
11:00〜18:00／水休
東京メトロ「千駄木」駅より
　徒歩8分

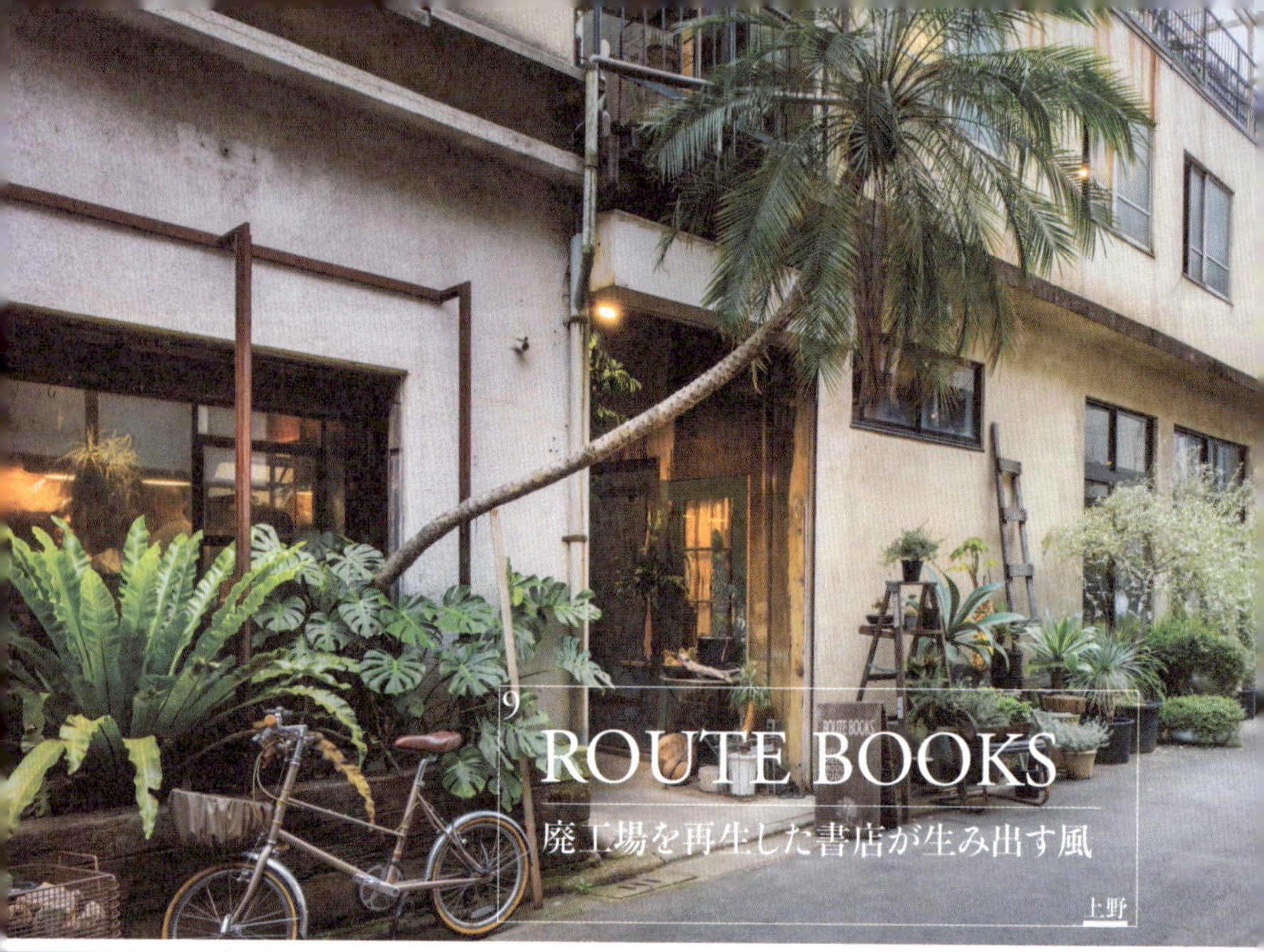

9

ROUTE BOOKS

廃工場を再生した書店が生み出す風

上野

　パンを焼く香りが漂う細い路地。向かいあう二棟の元廃工場に次々に人が訪れては、自分の場所を見つけて居心地よくおさまっていく。ある人はまずベーカリーで焼きたてのパンを買い、書店に入って本を一冊とコーヒーを買ってテーブルにひろげ、またある人は向かいのビルの階段を上がって指輪作りの教室へ。

　東上野の新たなカルチャーが胎動するこの場所は、書店からひろがった複合施設「ROUTE COMMON」である。向かいの一棟にはその生みの親である工務店「ゆくい堂」が事務所と工房、観葉植物ショップを構えている。音楽ライブもおこなわれるこの場所に、ゆるやかなコミュニティが育つ。

「松庵文庫」*など、人気カフェのリノベーションを多数手がけるゆくい

＊松庵文庫……82ページに掲載

● menu（税込）
コーヒー各種　500円
島バナナのスムージー　700円
クラフトビール　700円
金・土曜ランチ（ビリヤニ）　1,800円
日曜ランチ（ミールス）　2,300円

● るーとぶっくす　map p154⑨
東京都台東区東上野4-14-3
Route Common 1F
03-5830-2666
12:00〜19:00／不定休
JR「上野」駅より徒歩5分
※ROUTE Painは一時休業中

［右ページ］ベーカリー「ROUTE Pain」の香ばしいミルクフランス（350円）を、「ROUTE BOOKS」内のカフェでコーヒー（500円）とともに楽しむ。コーヒー豆は清澄白河の「アライズコーヒーロースターズ」から。週末のみ登場するビリヤニやミールスは、バナナの葉にのせてサーブする本格仕様。南インド出身のシェフが腕をふるう豊穣なスパイスの世界が人気を集める
［左ページ］右上／2階のカフェスペース

堂は、時を経た建物に残る記憶を活かし、再び人の集まる場所へと変身させてきた。代表の丸野信次郎さんはこの場所について、「計画的に作ったわけではなく、自分が好きなことを形にしていったらこういう場所になった」と語る。

二〇一五年、丸野さんは工務店の事務所として築五十年を超えた工場の空き物件を借り、廃材で家具を作って書店を開いた。斬新な発想だが、「本屋なら面白い人たちが来てくれるかなと思ったんです」

書店の中に読書ができるスペースを設け、コーヒーを提供する。

驚くべきは、本の仕入れからベーカリーまで自社でおこなっていること。産地直送を理念に、作り手との距離を近づけているのだ。自由な風が、新たな磁場を生んでいる。

もしも柳橋の小さな稲荷神社の前で玉垣に彫り込まれた料亭の名をしげしげと眺める人を見かけたら、それは花街の痕跡をたどる散策者かもしれない。この街には江戸時代から昭和半ばまで、隅田川の舟遊びと結びついた格式高い花街として栄えてきた記憶が眠っている。

ビルの谷間でひっそりと午前の陽射しを受ける濃灰色の屋根。高い塀に目隠しされてうかがえないが、内部には一九四〇年代の邸宅を改修した情趣溢れるギャラリー&カフェがひろがっている。木戸をくぐり、陰影深い世界に身を沈めてみよう。

靴を脱ぎ、長い廊下を進んでいくと、つきあたりがギャラリー。展示作品のみならず、和洋折衷建築の面白さにあらためて胸がときめいてしまう。畳の間と洋間が続き、襖《ふすま》とド

10

ルーサイトギャラリー

隅田川のほとり、格式高い花街の記憶を語る家

柳橋

左／さらさらした川風が吹く2階テラス席。「たまに海の香りがすることもあります」と米山さん。床の根太《ねだ》が傷んできたため、修繕して組み直したばかり

アが仲良く並んでいるのだ。

階段を上がった二階はカフェに改装され、爽快な川の眺望がひらけている。一階の廊下の仄《ほの》暗さ、二階の光に満ちた開放感。そのコントラストをかつての主、市丸姐さんも楽しんでいたかしらと思いを馳せる。

市丸は昭和初期から半ばにかけて一世を風靡《ふうび》した歌手である。長唄や小唄に秀でた浅草の人気芸者として名を上げたが、日本ビクターの看板歌手となって芸者を廃業。柳橋にこの自宅を建て、九十歳で亡くなるまで暮らしたという。

空き家となった建物をギャラリーとして再生したのが米山明子さんだった。祖父母が柳橋を代表する料亭「いな垣」を営み、生前の市丸と交流があったご縁である。

料亭を継ぐことを期待された米山

さんだが、柳橋に残る最後の一軒となっていた、いな垣は一九九九年、ついに創業二百年の歴史に幕を下ろした。それを機に柳橋芸妓組合も解散し、花街は昔日《せきじつ》の夢となったのだ。

二階のカフェは、ギャラリーで展覧会が開かれる期間のみオープンする。テラス席からは眩《まばゆ》いばかりの青空と東京スカイツリーが見える。

最近メニューに加わったのが、百年の歳月を経た吉向《きっこう》焼の可愛らしい三段重ねのお重に、自家製の焼き菓子や梅花亭の生菓子を詰めあわせた「柳橋老舗三段重」。その彩りに惚れぼれして手をのばしながら、米山さんにお話をうかがった。

「すぐ隣が実家だったので、子どもの頃、市丸さんの家の屋根に上がって遊んでいて、お手伝いさんに怒鳴られた記憶があります（笑）。改修

ギャラリーを訪れる人々の「この家でゆっくり喫茶時間を楽しみたい」という声に応え、2階をゆったりした余白のあるカフェに整えた。骨董家具は米山さんのコレクション

で一番苦労したのは家の土台の見えない部分。大谷石なので脆《もろ》いんです。土壁も落ちてきてしまうので半分塗り直しました」

なじみ深い市丸邸を受け継いでギャラリーを開いたのは、どんなお気持ちからだったのでしょう？

「ここを柳橋の資料館にしたいというお話もありましたが、誰も来ない資料館になって、埃《ほこり》をかぶっていては面白くないでしょう？」

家が死んでしまいますね。

「そうなんです、家には笑い声がなければ。そこに楽しいこと、興味を惹くことさえあれば人が訪れて、笑い声が絶えない場所になるはず。市丸さんは芸に生きたかただったので、ここで小さな演劇や朗読会を催せば家も喜んでくれるのかなと思っています」

隅田川のほとりに立つ家を再生し、2001年に骨董店としてオープン

上／1階ギャラリーでは伊藤千穂さんと苫米地正樹さんの陶芸展が開催中だった
下左／吉向焼三段重に和洋のお菓子を詰めた「柳橋老舗三段重」
下右／チーズケーキと水出しアイス珈琲のセット（1,200円）

　この家にインスパイアされて山崎ふらさんが脚本を書き、劇団まるおはなが二階でおこなった公演は、好評を博して再演もされた。

「隅田川が上流で三途《さんず》の川とつながるという、あの世とこの世の物語ですが、客席から隅田川が見えるので一層話に引き込まれました」

　かつて柳橋の花街と隅田川は運命共同体だった。それを象徴するのが夏の花火である。一九七八年に隅田川花火大会という名称に変わるまでは、長く「両国川開き」という名で親しまれ、料亭と船宿が協力して花火大会を運営してきた。

「江戸の町に飢饉《ききん》や疫病が流行したため、水神様に川の安全と災厄除けを祈願するために始まったのが両国川開き。その初日に花火が打ち上げられたのです」

● menu（税込）
ドリップ珈琲　600円
ほうじ茶オレ　600円
お抹茶セット（和菓子付）　1,200円
ケーキセット　1,200円
柳橋老舗三段重（2人分、ドリンク付）　5,000円

● るーさいとぎゃらりー　map p153⑩
東京都台東区柳橋1-28-8
03-5833-0936
営業時間はイベント開催により変動
不定休
JR・都営線「浅草橋」駅より徒歩5分

上／ギャラリーの扉のガラスは風が通るようにデザインされている
2023年、家が来歴を物語るという趣向の映像作品「花街 柳橋 旧市丸邸 妖の夜会」を制作。泉鏡花めいた闇のゆらめきが美しい

両国川開きは第二次世界大戦で途絶えてしまう。それを復活させるために奔走したのが、柳橋料亭組合長をつとめた米山さんの祖父だった。

「現在では元の花火の意味は忘れられて花火コンテストに変わりましたが、うちでは祖父母の料亭のオマージュとして毎年、神様へのご挨拶のための川開きを催してきました。テラスを川床に見立てて食事を楽しんでいただくだけですが」

そんなゆかしい会も肩の力を抜いて参加できるのがカフェの身上。川風の心地よさに酔う人々の笑い声が、歳月を重ねた家に血を通わせる。コロナ禍で休止になったが、いつか再開されることもあるだろうか。

まだこのような世界が、それを愛する者の手で守られている……その奇跡に胸を打たれるのだ。

2018年末オープン。壁の白い線は棚板の名残。土間は地面の上に直接床板が敷いてあったそう

11

葉もれ日

欄間から光こぼれる
築八十年の元酒屋

浅草橋

衣料問屋やアクセサリーパーツのお店が集まる駅前から住宅街へ向かうと、小学校の向かいに美しい名前のカフェがある。外壁に「酒店」の文字の痕跡が残る築約八十年の二階建て。「葉もれ日」はグラフィックデザイナーの山口斗夢さんが元の酒屋さんの古い内装を活かしてリノベーションしたカフェだ。

商店の土間だったスペースに、木と金属を組みあわせて自ら製作した家具が並んでいる。奥のカウンターと厨房部分は元座敷。炬燵《こたつ》に入っていた店主が来客の気配に気づいて、背中を丸めてお店に出ていく……そんな郷愁を誘う昭和の店舗付き住宅の光景が思い浮かぶ。

葉もれ日とは、葉と葉の間をぬって射しこむ陽光のこと。日本家屋の欄間《らんま》から光や風が通るさまを、葉も

右上／店内の一角には欄間の見本や、山口さんがセレクトした組子細工、Tシャツなどが並ぶ
右下／人気のスパイシーチキンカレー（800円）は、和の出汁にスパイスが香るさらっとしたスープが好評。手回しロースターで焙煎するコーヒーはインド産の豆も楽しめる

menu（税込）

コーヒー各種　550円〜
チャイティー　600円
レモンハニースカッシュ　550円
スコーン　400円
フムスサンド　600円

はもれび　map p153⑪
東京都台東区浅草橋3-4-4
03-6339-9139
10:00〜17:00
※土・日・祝は〜18:00
月休（祝日は営業）
JR・都営線「浅草橋」駅より徒歩7分

れ日にたとえたのだ。

「欄間の組子にはよく麻の葉文様が使われるので、ロゴに麻の葉を用いました」と山口さん。このお店は親族が携わっていた欄間作りの魅力を発信する場として、また、お酒を含む幅広い飲み物文化を愛してきた山口さんの自家焙煎コーヒーを供する場として開かれたのだ。

されど、何よりも「街の小さな喫茶店であることを大事にしたい」と山口さんは言う。お客さま同士が親しくなって自然にコミュニティが生まれたり、常連（！）の小学生が放課後、葉もれ日でジュースを飲みながら両親の迎えを待ったりもする。

葉もれ日というお店の存在そのものが、この界隈に柔らかな光と風をもたらす欄間のような存在なのかもしれない。

12

annorum cafe

アンティーク家具と植物に囲まれて

浅草

● menu（税込）

コーヒー各種　700円
紅茶　700円
ガトーブルトン　650円
季節のお菓子　700円

● あんのるむ かふぇ　map p154⑫

東京都台東区浅草4-7-11
03-6458-1132
11:00〜18:00／不定休
東京メトロ・ほか各線
「浅草」駅より徒歩10分

古い梁《はり》や野地板が見える空間で、深煎りの「蕪木ブレンド」(700円）と、「粉花」が監修するブルターニュの伝統菓子ファーブルトン（650円）を味わう。カップ＆ソーサーは益子の生形由香さんの作品

1949年に建てられた2階建ての木造家屋。初夏には透ける麻布が空間を仕切り、涼しげに揺れる。「自分自身も同じ経験があるから」と、子ども連れのお客さまも歓迎

築七十五年の一軒家に、無銘の古いものたちが静かに息づいている。「アンノルム」はアンティーク家具と生活雑貨を扱うショップが二階に開いたカフェ。どの一角を切り取っても繊細な美しさに満ちている。

　店主の田中貴之さんは「一般家庭の暮らしの中にあった、名もない職人が作った家具に惹かれます」と語る。イギリス製の古いテーブルも、ベルギーやフランスで使われていた椅子も、凝った装飾はない。重い色調の塗装を剥離してナチュラルな木の色に仕上げるため、すべての家具が胡桃《くるみ》の殻を思わせる柔らかな色調に統一されている。

　そのセンスとあたたかな接客に魅了されて遠方からも来店する人々に、アンノルムの世界観の中でひとやすみできる場所を――と意図して開いたのがこのカフェなのだ。

　田中さん自身が大好きで通っていたという自家焙煎珈琲店「蕪木《かぶき》」とご近所の自家製酵母パンの人気店「粉花《このはな》」に、この空間に合わせたブレンドと、焼き菓子の監修を依頼。とびきりおいしいコーヒーと焼き菓子が楽しめる。

　店名は「長い年月」を意味する。持ち主と一緒に長い時間を重ねて旅をしてきたものに対して、愛着という感情が生まれる。

「過去に誰かが大切に使ってきたものを自分が引き継ぐ時、過去と未来の時間が交差するような感覚をおぼえます」

　アンノルムに並ぶ古いものたちは、購入者のもとに旅立ってからもそこでまた長い時間を過ごし、日々の記憶を蓄積していくのだ。

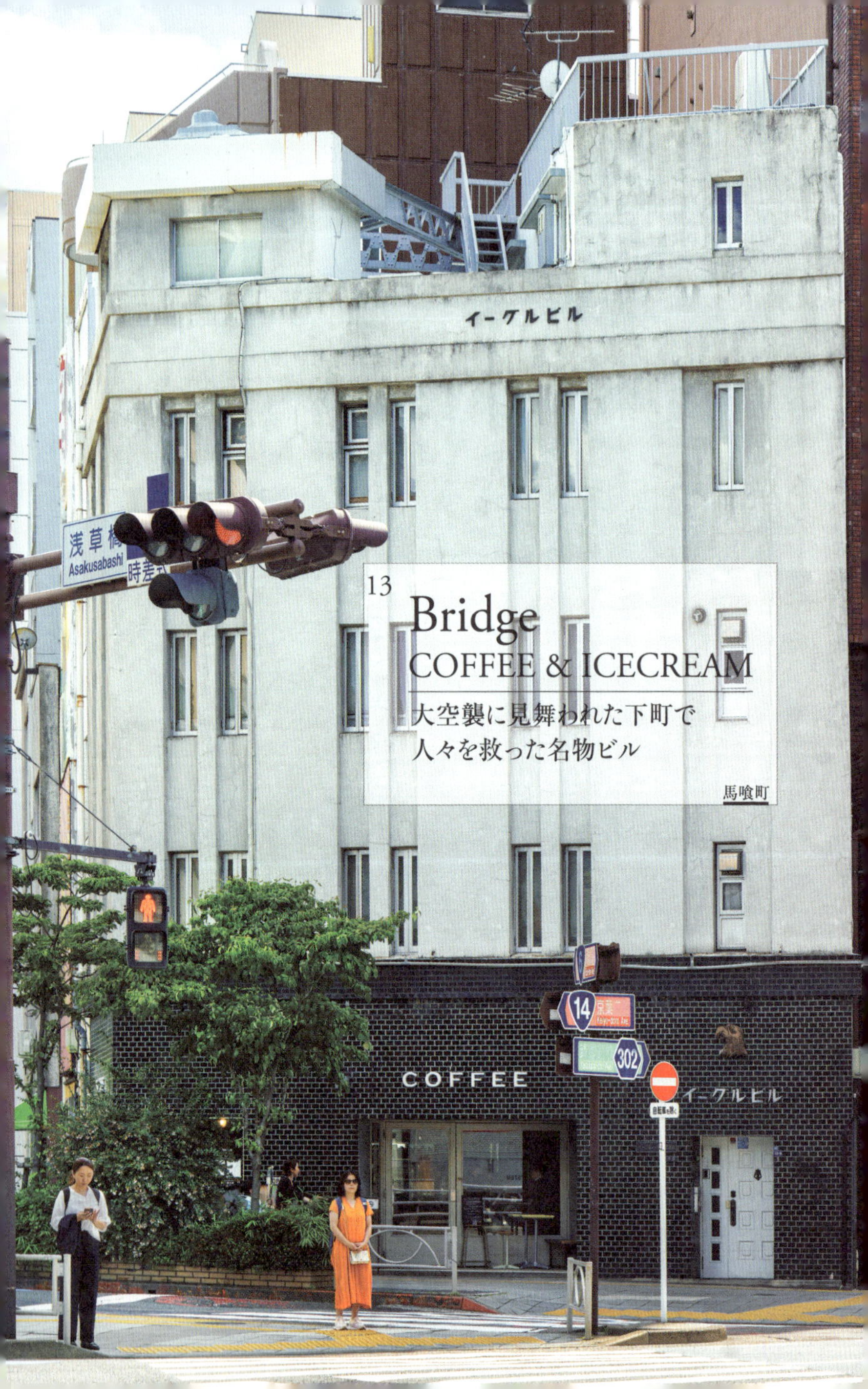

13

Bridge
COFFEE & ICECREAM

大空襲に見舞われた下町で
人々を救った名物ビル

馬喰町

浅草橋交差点の角に立つイーグルビル。つややかな濃紺のタイルは昭和40年代の改修時のもの。かつてはベージュ色のスクラッチタイル貼りだったという

もうすぐ築百年を迎えるイーグルビルは、艶のある濃紺のタイルに「COFFEE」の文字が映える浅草橋交差点のランドマーク。本格的な耐震耐火性を備えた鉄筋コンクリートのビルは、建築当時、関東大震災後の復興を象徴する建物のひとつだった。

レトロな風情とスタイリッシュな印象を併せもつビルの一階に、合羽橋から移転したカフェ「ブリッジ」が入居している。開放的な空間は誰もが気軽に立ち寄れる公園をイメージ。一枚ガラスの大きな窓に、往来を走る車の反射光が躍り、街で働く人々や海外旅行のファミリーなど、さまざまなお客さまが各自の流儀で楽しんでいる。

姉妹店「Bole COFFEE&ICE CREAM」で手作りする、素材の

自然な味わいを大切にしたアイスクリームとカフェラテが人気のメニュー。旅行者が朝食を楽しみに毎朝通ってきたりするそう。

　アンティークとオーダー家具を組みあわせた内装も魅力的だ。店長の佐藤ニサーさんは「夜、閉店後のブリッジの前を通って、外壁のタイルが淡く光り、店内でネオンサインが輝いている光景に魅了されたのがここで働くきっかけになった」と語る。

　カフェの入口の横には、金色の鷲《イーグル》のエンブレムを掲げるもうひとつの扉。イーグルビルは、大学ノートなどの卸問屋だった「イーグルノート」の店舗兼住居として一九二七年に竣工した。地下には現在も二十坪もの広い防空壕が東京大空襲の記憶と共に眠っている。

　その夜、ビルのオーナーの中田さん一家と近隣の住民数十名がこの防空壕へ避難し、一階から四階までの各階も焼夷弾と炎をかいくぐって駆けこんだ人々でいっぱいになったという。彼らの命が助かったのは、建物の耐火性と、中田さんたちが気丈に活躍して延焼を防いだおかげだ。当時二十代だった中田多嘉子さんは、東京都中央区のウェブサイトでこの空襲体験を語り、道路側に面した窓を「四階に残っていた祖母と母が死守して、火の入るのを防いだ」と証言している。

　街の人々を守った建物には、皆が集う公園のようなカフェがふさわしい。店名には合羽橋でスタートしたという起源と、人と人の架け橋にという意味が込められている。そしてこの場所は、過去と現在をつなぐ貴重な記憶の架け橋でもあるのだ。

[右ページ] 右／季節の素材を活かした多彩なアイスクリーム。コーヒーは「Little Nap COFFEE ROASTERS」の豆を使用
中／PICK UP のランプは古いオランダの軍用ランプを改造したもの
[左ページ] 左／大きな鏡に窓辺の光とランプの列が映る。店内のあちこちに、デルタ航空のミールカートを活用した水のタンクや、ロンドンの地下鉄の車両の荷物置きを使った返却台など、楽しい発見がある

● menu（税込）
ハンドドリップコーヒー　600円
カフェラテ　600円
カフェ・コン・ジェラート　750円
アイスクリーム（カップ／コーン）
　シングル500円／ダブル750円

● ぶりっじ こーひーあんどあいすくりーむ
　map p153⑬
東京都中央区日本橋馬喰町1-13-9
　イーグルビル1F／03-3527-3399
8:00〜18:00　※土・日・祝は9:00〜
不定休
JR「馬喰町」駅より徒歩2分

14

イリヤプラスカフェ
@カスタム倉庫

おもちゃ倉庫が
開放感たっぷりの
カフェに変身

浅草田原町

築50年以上の木造倉庫を改修して2012年にオープン。エントランスは2023年に改装

鉄骨がむき出しになった天井に輝く恒星や惑星のようなランプ。オーナーの今村ナオミさんがポートランドのアンティークショップを回って集めた家具。レトロなデザインのミラージュのエスプレッソマシン。

倉庫めいた空気感を漂わせながらも無骨や無機質といった形容が浮かんでこないのは、バリスタたちのもの柔らかな接客のためだろうか。食事にも仕事にもゆったりと使える素敵なカフェだ。

編集やライターの仕事を本業としていた今村さんは、二〇〇八年、入谷で散歩中に出会った古い一軒家に魅せられて「イリヤプラスカフェ」一号店を開き、ニューヨークのカフェ体験からインスピレーションを得たパンケーキのおいしさと居心地のよさで人気を博してきた。古民家

右／白玉8個が並ぶ「白玉と粒あんバターのフレンチトーストサンド」（ドリンク付1,800円）は2024年春に登場した大人気の一皿
上／若い人々からベビーカーを押した女性、犬の散歩中に立ち寄る人、80代のシニアまで客層は幅広い

のリノベーションもパンケーキも先駆け的存在となったが、決して予測したわけではなく、自分の「好き」を頼りに手探りで試行錯誤を積み重ねてきたという。

二号店となるこのカフェも、まず想像力をかきたてる物件との出会いありき、だったそうだ。

「自転車で散策している時に貸し倉庫の張り紙を見つけたんです。二店舗目の開業は考えていなかったのですが、もしも挑戦することがあれば倉庫や工場の跡など、インダストリアルな雰囲気のある物件がいいなと思っていました」

不動産屋さんに見せてもらった内部は荒廃していたが、「天井が高くて奥行きがあり、鉄骨の梁が魅力的でした。外観のこじんまりした感じと内部の抜け感のギャップもよかっ

● menu（税込）
カフェラテ　600円
フレンチトーストセット　1,800円
パスタセット　2,000円
※セットはいずれもドリンク付

● いりやぷらすかふぇ@かすたむそうこ
map p154⑭
東京都台東区寿4-7-11
03-5830-3863
11:00〜20:00　※日・祝は〜19:00
月休（祝日の場合は翌火休）
東京メトロ「田原町」駅より徒歩3分

楽しい趣向を凝らしたパンケーキやフレンチトースト、自家製酵母のスコーンなど、個性豊かな名物メニューが多数

た。二階も梁が見える山小屋のような雰囲気で、こんな倉庫には都内では二度とめぐり合えないかもしれないと思ったんです」

　ガスは引かれていないし、床はコンクリートが剥がれて地面が見えているような状態で、飲食店へと改装するのは手間がかかったが、倉庫の来歴を知るほどに街や時代と密接に結びついていたことが明らかになり、心が寄り添っていった。

「最初の数十年はおもちゃ屋さんの倉庫、次は社交ダンスで着るようなコスチュームの倉庫として十七、八年間にわたって使われた後、空き家になったようです」

　埃だらけの内部を徹底的に洗浄する際に、今村さんはきらびやかな衣裳の名残に気がついた。

「二階の床にスパンコールがたくさん落ちていて。ご近所の人の話ではこの倉庫で美空ひばりさんや小林幸子さんの衣裳も預かっていて、彼女たちの姿を見かけたとか」

　この街に長く暮らしてきたその人は、おもちゃ倉庫時代の思い出話も聞かせてくれた。日本にたくさんの子どもが生まれていた昭和時代、蔵前から浅草橋にかけての通りには人形店やおもちゃ問屋が立ち並び、活況を呈していた。

「何かの拍子にこの倉庫に運びこまれる箱がちらっと見えることがあり、その人は自分の欲しいおもちゃだとすぐわかったそうです」

　昭和の子どもたちの夢や豪華なステージの夢の数々を保管していた空間に腰を下ろして、ラテとフレンチトーストで和みながら、自分の夢について思いをめぐらせてみる。

15
レボン快哉湯

九十年間親しまれた銭湯の大空間にコーヒーの香り

入谷

人が集まり語らった懐かしい記憶の残る銭湯が新たな集いの場所に

素晴らしい外観だ。千鳥《ちどり》破風《はふ》の屋根の下、ずらりと並んだ傘箱と下駄箱の先には「女」「男」と書かれたくもりガラスの引き戸。中に入ると昭和の銭湯空間がひろがる。

仕切り壁一面の巨大な鏡や、ガラス戸ごしに見える富士山のペンキ絵、脱衣かごと古めかしい体重計が、かつて銭湯にたちこめていた湯気と木の匂い、人々のおしゃべりの残響を伝えている。

明治末期創業の銭湯、「快哉湯」。入谷の路地に残る建物は、一九二八年の再建以来、約九十年にわたって街の人々の一日の疲れを癒してきた。二〇一六年に老朽化のため惜しまれつつ閉業したものの、銭湯のオーナーや地域の人々のかけがえのない建物への思いは強く、その思いを共有する建築会社が耐震補強を含むリ

● menu（税込）
ドリップコーヒー各種　500円
アイスクリーム単品　550円
マリアージュプレート各種　980円
八女抹茶オレ　650円
本日の焼き菓子　350円〜

● れぼんかいさいゆ
map p154⑮
東京都台東区下谷2-17-11
03-5808-9044
10:00〜18:00
不定休
東京メトロ「入谷」駅より
徒歩4分

上から2／「快哉湯」と金文字で書かれた柱時計が元脱衣所のカフェを見守っている
3／キウイアイスクリームとコスタリカ産コーヒーの「マリアージュプレート」(980円)。両者が口の中で溶けあい、驚くほど素敵な変化を起こす

ノベーションを手がけたのだ。

　継承された、七メートルもの高い格天井をもつ大空間。脱衣所はカフェに生まれ変わり、浴室は男湯と女湯の仕切りを取り払って、改修を手がけた建設会社のワークスペースやイベントの舞台として活用されている。番台も保存され、上がることも可能。往年の常連客が訪れて「一度座ってみたかった」と番台の上で記念撮影したり、スタッフに思い出話を聞かせてくれたりするそう。

　ぜひ味わいたいメニューは、自家焙煎のスペシャルティコーヒーと、季節の果実が香るアイスクリームを組みあわせた「マリアージュプレート」。「お風呂上がりに食べたいもの」「湯上がりの牛乳」から発想してミルクアイスに決めたという。いわば、銭湯スイーツ？

1階には那須野さんが好きで収集したフランスや日本の作家のガラス器が並ぶ
[左ページ] 上／和紙畳を敷いた2階では読書に集中する人の姿も。快い静けさを守るために会話はなるべく静かなトーンで
中／季節の食材を活用してスタッフが腕をふるう「雨音ごはん」(1,500円)
下／静岡生まれの那須野さんが選んだ緑茶と和菓子

16
雨音茶寮
屋根裏のような二階で お出汁の香りと 雨音に包まれて

千駄木

不忍通りを少し入った路地に、白い暖簾が揺れるカフェを見つけた。築後七十年以上も経た建物とはうかがい知れない、モダンな外観。暖簾の形に雨だれを思い浮かべた。

「雨音茶寮」の店内を奥へ進むと、食欲をそそる音や香りが弾けるカウンターの奥に、二階への階段が現れる。現代的な印象の一階から一転、二階は傾斜した天井が屋根裏部屋を思わせる畳の間。落ち着いた色調の壁のあちこちをほのかな灯りが照らしている。

注文した「雨音ごはん」は、お総菜四品とごはんに、出汁《だし》を入れたポットと茶漬けのお供を添えた、心身の緊張がほぐれるおいしさ。オーナーの那須野浩美さんは「女性一人で気軽に入れて、野菜中心の体にやさしいお料理を少しずつ何種類も楽

2018年オープン。改修は那須野さんが信頼する友人の建築家が手がけ、オリジナルの家具やランプも制作。1階のイメージは“パリにある和カフェ”

● menu（税込）

緑茶（急須、玄米あられ付）　700円
丸子紅茶（ポット）　700円
本日の和菓子　600〜1,100円

● あまねさりょう　map p152⑯

東京都文京区千駄木2-44-19
03-6876-8402
11:00〜18:00　※土・日・祝は〜19:00
火・水休
東京メトロ「千駄木」駅より徒歩5分

しめるようなお店が欲しかった」と語る。ここは那須野さん自身が好きなもの、ワクワクと心ときめくものを形にした空間なのだ。

中高時代の六年間をイギリスの伝統的な寄宿学校で過ごした那須野さんは、ハリー・ポッターの世界さながらの築三百年の建物とデザイン性の高い現代的な建物が調和した風景や、古いものを大切に使い続けるスタイルに影響を受けてきた。

和洋と新旧が自然に溶けあった雨音茶寮に通うお客さまの中には、「住みたい」と漏らす人も。気密性、機能性を高めた現代の家は代償として雨音を失ったが、かつて糸屋が営まれていたこともあったというこの長屋の二階では、雨音がそっと語りかけてくるのだ。

17

SPICE CAFE

緑に包まれた木造アパートに漂うスパイスの芳香

押上

植物にすっぽり呑みこまれてしまったような民家の前で、少し圧倒されて立ち止まる。その横に「OPEN」の看板を見つけて細長い通路を奥へ進んでいくと、卓越したスパイス使いで知られる名店が姿を現す。

二階建ての木造アパートをセルフリノベーションした「スパイスカフェ」は、従来の北インド一辺倒だった日本のカレー界に南インドの風を吹かせたという点でも、活気を失っていた下町に耳目《じもく》を集めたという点でも先駆的存在のひとつだ。

この街で生まれ育った伊藤一城さんは、三年半かけて世界四十八か国を旅して回り、各地の日常の食文化を体験してきた。そのなかで最も強

上／「こういう建物は多かったんですが、誰も住まなくなってマンションや駐車場に変わってしまった。建物は毎日使って毎日掃除していれば長く残せるんです」
下／草花に囲まれた長いアプローチ

「このアパートは父の仲間の大工さんたちがお酒を呑みながら、のんびり建ててくれたらしい。2011年の震災の際も棚から瓶が1本落ちただけでした」

い印象を受けたのがインド。現地で知人の家に居候してカレーやチャパティの作りかたを習い、帰国後にレストランで五年間修業。両親が建てた賃貸用アパートを自分の手で改装して二〇〇三年にスパイスカフェをスタートした。

「この建物は藤美荘という名称で、一階が六畳ふたつと九畳、共同キッチンに共同トイレ。二階も同じ構成です。お風呂のないこのアパートに、かつては六世帯が住んでいたそうです」と伊藤さん。なんという人口密度だろう。

ミシュランガイドのビブグルマンに選ばれたこともある美味。カレー２種と副菜４種にライス、デザートとドリンクが付いたランチ（1,600円）

「こつこつと改修工事を進めていたら街中に話がひろまって、友人やご近所の方々や親戚が手伝ってくれるようになったんです。下町の良さをしみじみ実感しましたね」

　土壁を壊した中からは格子状に竹を編んだ下地、竹小舞《たけこまい》が現れ、調湿性や耐火性に優れた造りであることがうかがえた。この竹小舞を活かそうと決め、左官屋さんに教えてもらいながら珪藻土《けいそうど》を塗った伊藤さん。

「毎日塗り続けて、完成する頃には

小窓に古い竹小舞がのぞく

テーブルや椅子も手作り

もうプロ並みの腕前に（笑）」

お店の扉は、余った木材を巧みに組みあわせて父親が作ってくれた。祖父の代から建具職人なのだ。

天井や壁のすべてが土や木で構成されており、プラスティックのような建材は見当たらない。伊藤さんが作る料理が、この古い建物に寄り添っていった部分もあるという。

「いま思えば、この空間が僕に影響を与え、それがお皿の上に表れているのだと思います。お客さまもそういうテイストが好きな人が集まるようになりました」

開業後もインドに滞在したり東京のフレンチのシェフと情報交換したりしながら独自に進化させてきた料理の数々は、奥深いスパイスの魔術で人々を魅了する。

伊藤さんは「スパイスという考えかた」を、異素材をミックスして新しい何かを生み出すことと捉え、日本ならではの素材を用いてスパイス料理を創造する。一皿の上で異国の香辛料と和の食材、現在と昭和の時間がミックスされているのだ。

● すぱいす かふぇ　map p153⑰
東京都墨田区文花1-6-10
03-3613-4020
ランチ 11:30〜15:00(LO14:00)
ディナー 18:00〜22:30 (LO20:30)
※週末はコースのみ
月・火休
東京メトロ・都営線「押上」駅より徒歩15分

● menu（税込）
［ランチセット］
カレー1種　1,300円
カレー2種　1,600円
ランチコース　3,300円
（要事前予約・平日のみ）
［ディナー］
ディナーコース　6,600円
ショートコース　3,800円
（平日のみ）
アラカルト　1,000円〜
（平日のみ）

18
UFO珈琲
天真庵

下町の魅力溢れる
寺子屋的空間で
手打ち蕎麦をたぐる

押上

上／美しいステンドグラスは東京藝術大学の学生が制作した
左／人情味溢れる店主夫妻の人柄に惹かれて毎日のように暖簾をくぐる人もいる

その昔、東京大空襲で自宅が焼失したことを悔しがり、終戦直後に新潟から建築資材を運んで果敢に家を建てた大工がいた。それから約六十年後の二〇〇七年、長く空き家となっていたその家を改修して誕生したカフェが「天真庵」である。

名物は店主の野村栄一さんが打つ蕎麦と自家焙煎珈琲。寺子屋と称する伝統文化の勉強会の数々。最近は永井荷風的散歩を楽しむシニアに交じって、若いお客さまが増えている。

古い家との出会いは偶然だったという。かつて池袋でギャラリーを開いていた野村さんは、親しくなった陶芸家の家に招かれた折に、この印象的な廃屋を見つけて興味を惹かれた。荒れはてた家をセルフリノベーションする際には、よく池袋のギャラリーを訪れていた学生とその仲間

右上／野村さんはこの「縄文ドリポット」や能登の珪藻土を使った「UFO焙煎器」などの珈琲道具を考案
右下／檜《ひのき》のカウンターは解体された居酒屋から譲り受けたもの。奥には元からあった頑丈な耐火金庫が残されている
上／有名な広島「達磨《だるま》」の高橋邦弘さんのもとで蕎麦打ち修業をした腕が冴える

menu（税込）
ほぼブラジル珈琲　500円
玉露（お菓子付）　900円
チーズケーキ　500円
ざるそば　900円
昼そばセット　2,500円

ゆーふぉーこーひー てんしんあん
map p153⑱
東京都墨田区文花1-6-5
090-2673-5217／水・木休
12:00～18:00　※土・日は～16:00
東京メトロ・都営線「押上」駅より徒歩10分

たちが大活躍してくれた。

天真庵には人の厚意から種がまかれ、芽が出て育っていくような楽しさがある。ご近所さんが自宅に眠っていたピアノを譲ってくれたのをきっかけに、常連の音楽家たちが演奏会を催すようになり、来日した著名な音楽家を連れてきたり、奥さまの喜代美さんが親切心から味噌作りを教えた人が、翌年には「天真庵で教室を開いて」と依頼してきて、いまや百名を超える味噌の会に発展したり。その豊かな土壌を作っているのは野村夫妻への信頼感だ。

近年は能登に「寒山拾得美術館」を開いて二拠点生活。地震の被害は奇跡的に少なかったが、野村さんが行けば、避難所暮らしの人が山ほど野菜を分けてくれる。そのうつわの大きさに感銘を受けているそうだ。

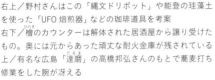

引き戸にもガラス細工があしらわれている

左／すみだブレンド(550円)、自家製の「コーヒーソフトクリーム＆ゼリー」(680円)
下／ガラス製造を営む実家の倉庫に長年眠っていたランプシェード

19

すみだ珈琲

美しい江戸切子のカップで楽しむ自家焙煎コーヒー

錦糸町

自転車で、徒歩で、地域の人々がコーヒーとおしゃべりの時間を楽しみに集まる「すみだ珈琲」。

ある肌寒い夕刻のこと、お店の引き戸を開けると店内はあいにく満席。どうしようかな。躊躇《ちゅうちょ》した私に向かってカウンター席の女性客がにっこりして、「いま帰りますからどうぞ」と立ち上がった。

すみだ珈琲はそういう素敵な人に出会えるお店だ。再訪した折にも「前にお目にかかりましたね」とお客さまに声をかけられた。

一九五六年築の小さな靴工場。店主の廣田英朗さんは自らの手でその建物を改修して自家焙煎のスペシャルティコーヒー専門店を開いた。

「最後の数年間は賃貸住宅になっていたそうで、奥の小さな窓はお風呂場の跡。東日本大震災前に僕が借り

● menu（税込）
本日のおすすめコーヒー　590円
カフェラテ　600円
コーヒーソフトクリーム　580円
本日のケーキ　550円
チーズトースト　580円

● すみだこーひー
map p155⑲
東京都墨田区太平4-7-11
03-5637-7783
11:00～19:00／土･日･祝休
JR「錦糸町」駅より徒歩10分

右／2010年にオープン。2階にはコーヒー焙煎機が置かれている
左／コロナ対策で席数を減らしたため、店内の利用は60分まで

て補強していなければ倒れていたと言われるくらいの危うさでした」

　廣田さんの実家は、錦糸町で百二十年続いてきたガラス製造店。店内に柔らかな光をともす紺色や蜜《み》柑《かん》色のランプシェードは、かつて廣田さんの父親が作っていたものだ。

「倉庫に三十年以上眠っていたものを売ってもらいました」

　店名に墨田の名を冠したからには地域に貢献したいと、コーヒーカップにも地元の職人の手から生まれる伝統工芸、江戸切子を用いており、ガラスの表面に刻まれた星や市松文様が琥珀《こはく》色の液体ごしに淡い光をゆらめかせる。

　近年は墨田区や区内のコーヒー店と連携し、抽出後のコーヒーかすをアップサイクルする取り組みにも参加している。

2018年に住み開きを開始し、2020年にカフェとしてオープン。高い天窓から光が降ってくる。リノベーションには建築士の友人をはじめ、多数の人が協力してくれた
[左ページ] 上中／カフェが好評のため2024年に改装して増設した椅子席は、まるで小さな電車のボックス席のよう

20
KiKi北千住

築九十年の家に漂う日本茶の湯気

北千住

慌ただしい仕事や家事の合間に、ほんのひとときカフェで過ごすこと。日常の暮らしの中でお茶を楽しむこと。その何気ない時間がどれほど心をのびやかに解放してくれるかをよく知る高木正太郎さん、きさらちさとさん夫妻が、築九十年の民家を自分たちの手でリノベーションして日本茶喫茶を開いた。

テーマは「素に戻る喫茶時間と、快い日々を作るモノ」。静岡県富士市の茶園と協力して作る、日常のシーンに合わせたオリジナルのお茶の数々は、こんな素敵なお茶の楽しみかた、新しい表現があるのだと気づかせてくれる。食後のリラックスタイムに、またデスクワークに集中する時のスイッチに、夜の家呑みの時間に。ミルクを加えたり、冷たい炭酸水で割ったり、ワイングラスに

● menu（税込）
玉露煎茶　650円
ほうじ茶ラテ　850円
ホットサンド　750円

● きき きたせんじゅ　map p155⑳
東京都足立区千住東1-16-2
TEL非公開
火・水休
12:00〜17:00（LO16:30）
※土・日・祝は〜22:00（LO21:30）
東京メトロ・ほか各線「北千住」駅より徒歩7分

右／人気のKiKiパフェ（950円）は大人にぴったりの甘さ。自家製ミルクアイスは岩塩が隠し味
上／濃厚な抹茶レアテリーヌ（750円）と花びらの浮かぶスパイス煎茶（650円）

注いだりと、アレンジは無限大。

民家を囲む昔ながらの入り組んだ細道は、都市の毛細血管を思わせる。夫婦のユニット「KiKi」として活動する二人は、「文化と余白のある町」の住まいを探して北千住のこの長屋にめぐり会った。借りた当初は老朽化して床さえない状態だったが、堂々たる梁にひと目惚れしたのだそう。改修をおこない、「住み開き」*の一環として始めたカフェが人気となった。

地元の商店街や八百屋さん、書店やアートギャラリーに通う楽しさ。暮らしの中で顔の見える交流を続けながら、地元の経済の循環を自然に支える心意気。「KiKi北千住」はそんな豊かなライフスタイルの舞台でもあるのだ。

*住み開き……自宅の一部をカフェやギャラリーなどにして公に開放し、コミュニケーションの場とすること

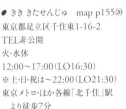

21
TOKYO LITTLE HOUSE

戦後の東京の記憶を伝える、奇跡の一軒家

赤坂

menu（税込）
ハンドドリップコーヒー　650円～
抹茶オレ　800円～
スコーン　400円～
ピザトースト　900円
クラフトビール　1,000円～

とうきょう りとる はうす
map p155㉑
東京都港区赤坂3-6-12
03-3583-0228
9:00～17:00／土・祝休
東京メトロ「赤坂」駅より
徒歩3分

上／改修は深澤晃平さんと妻の杉浦貴美子さん、友人のサム・ホールデンさんが中心となって手がけた
下中・左／宿泊施設には元の住まいの面影が保存されており、海外からのゲストに好評、日本人でも観光気分になる

「おばあちゃんの家みたい」というのは古民家カフェを形容する常套句《じょうとうく》だが、赤坂の繁華街に残っていた祖父母の家をリノベーションしてカフェを開いた人々がいる。こんな都心に一九四八年築の木造家屋が木枠のガラス窓を嵌《は》めたまま残っていたなんて、ほとんど奇跡だ。

一階は現代的なセンスのカフェ&ギャラリー、二階は昭和の情感漂う宿泊施設に生まれ変わった。代表の深澤晃平さんは「祖母が亡くなったのが二十五年前。その後、僕が十年ほどこの家に住みました。住人が改修するのと、外から来た人が改修するのとでは、心持ちが違うんじゃないかな」と語る。

「おばあちゃんの思い出が染みついているから、壁ひとつ壊すのにも抵抗があって……」と、妹の深澤愛さん。二人は子どもの頃、毎週のようにこの家に遊びに来ていたのだ。

店内ではかつての生活道具が愛情をもって再利用されている。たとえばごはんを炊いたお釜は洗面ボウルに、雨戸は展示パネルに。

戦前まで築地の料亭で働いていた祖父母は、戦後、料亭主人のあたたかい支援を受けて赤坂にこの家を建てたが、結局は築地に通い続けた。

「戦前の築地には海軍施設があって赤坂よりも格上の土地だったので、祖母は築地に帰りたがっていた。でも、オリンピックの頃から東京の復興を象徴する街へと変わっていったので、赤坂にいついたんでしょう」

明治生まれで、新潟から一人東京に出てきた祖母は「いつもシャキッとしていた」と二人は回想する。

「そういう個人史と都市の歴史のレベルをうまく結びつけられたら、というのがカフェと宿泊施設の大きなコンセプトです」

現在の東京においては異空間のようなこの家を拠点にして、自転車で街を走ると自然に面白いものが見えてくると晃平さんは言う。

「ここに滞在する旅行者にも東京観光を面白がってもらえるだろうと直感的に思いました」

ギャラリーでは「東京零年」と題して、この家が建てられた敗戦直後の東京をテーマに写真を展示。アメリカからの旅行者がモノクロの写真に見入っている姿を見かけた。

「戦災や自然災害、江戸時代の火事も含めて、東京ほど人が亡くなっている都市は世界的にも類を見ない」

この家は足元に眠る東京の記憶を世界中の人々にそっと物語るのだ。

老舗の甘味処の佇まいに息を呑む

22
竹むら
神田

＊ぼたん……明治時代創業の鳥すきやき専門店。建物は東京都選定歴史的建造物

[右ページ] 入母屋造りの木造3階建て。東京都の歴史的建造物に選定されている
[左ページ] 左／階段の右側は2階のお座敷、左側は居住スペース
下／2階の欄干には竹の葉や梅の模様が並ぶ

神田須田町、かつて神田連雀町と呼ばれたあたりは、苛烈な空襲を免れた奇跡の一角。大正時代から昭和初期に開業した飲食店が昔と変わらぬ姿で暖簾をひるがえしている。

「母は『近くにニコライ堂があるから爆弾を落とされなかった』と言っていました」と笑うのは、一九三〇年創業の甘味処「竹むら」三代目堀田正昭さん。母親はすぐ近くの老舗「かんだやぶそば」の娘だった。

「ここを建てたのは神田佐久間町の大工さんで、近くの『ぼたん』*も同じ大工さんと聞いています」

毎日、北海道産の小豆で四種類のあんを炊く。おしるこもあんみつも伝統の製法を大切に受け継いでいる。

「創業した父は、とにかく手を抜かずにいいものを作れ、店をひろげるな、という方針でした」

2024年のNHK連続テレビ小説『虎に翼』に登場する甘味処のモデルとしても知られる

名物の揚げまんじゅうは「たとえお客さまにお待ちいただくことになっても揚げたてをさしあげろ」という父の口癖通りに、注文を受けるつどゴマ油でからっと香ばしく揚げる。

竹むらの味と風情に惹かれ、池波正太郎が通っていたのは有名な話である。「池波さんはお一人でいらして、人目につかない奥のテーブルで召し上がり、すっと帰られる。ご自分の時間を楽しまれているので声をおかけしませんでした」

そんな心づかいも作家に愛された所以《ゆえん》だろう。

「今日は寒いからあんは柔らかめに」などと天候によって毎日微妙に仕上げを調整する職人仕事が好きだ、と堀田さん。お客さまの「おいしかった」という言葉で、多少の苦労は吹き飛んでしまうのだ。

上右／3代目主人の堀田正昭さん。「あんを上手に炊く秘訣は、よくアクを抜いてしっかり火を通し、それでいて練りすぎないこと。その加減が大事です」
上左／池波正太郎のお気に入り、あわぜんざい（850円）と揚げまんじゅう（2個540円）

戦争も大震災も生き抜いてきた建物

● menu（税込）

御ぜんしるこ　820円
みつ豆　720円
あんみつ　770円
おぞうに　840円
いそべまき　720円

● たけむら　map p155㉒

東京都千代田区神田須田町1-19
03-3251-2328
11:00～20:00（LO19:40）
月・日・祝休
東京メトロ「淡路町」駅、
都営線「小川町」駅より徒歩3分

※1930年から続く本店は、本書で定める古民家カフェ＝「古民家を転用・再生したカフェ」ではありませんが、貴重な建物を残すお店として紹介いたしました

23

松庵文庫

樹齢百年の
大ツツジに護られた
音楽家夫婦の家

西荻窪

落ち着いた住宅街の一角に2013年7月に誕生した松庵文庫。看板は目立たない

大正末期から昭和初期に建てられた民家の前に、一本のモチノキが濃い緑をまとって立っている。水場に置かれた木札がひっそりと店名を告げる。扉に手をかけ、我知らず「おじゃまします」と口にしていた。

なんて気持ちのいい、光のふんだんな空間なのだろう。どのテーブルも中庭の緑が楽しめるよう配置され

表通りから窓ごしに中庭のツツジが見える。2階はレンタルスペースとして使用

荻窪の書店「Title」がセレクトした新刊書や、
生活雑貨の販売スペースもある

ており、ケーキ皿やコーヒーの表面に緑を帯びた光がとろりと回る。

中庭の主役は一本のツツジ。売り払われる予定だった古い家がカフェとして再生されるきっかけになった、樹齢百年の大ツツジである。

「花が満開の時は大きなピンクのぼんぼりみたいになるんですよ」と、カフェ店主の岡崎友美さんは微笑む。家の前を通る人にも花の気配を感じてもらいたいと各部屋を仕切る壁にガラス窓を設け、表通りにも中庭の色彩が届くようにした。おかげで犬の散歩中の人が鮮やかな花の色に気づいて足を止め、店内に入ってコーヒーを飲みながらツツジの景色を楽しんでいったりするという。

西荻窪の街角に五月の訪れを告げる風物詩となったこの家は、かつては音楽家夫妻の住まいだった。夫は

上／庭に実る金柑やハーブはカフェの料理に使われる
中／午前の店内。朝９時から11時までのモーニングには隔週で
徳島から届くおいしい食パン「かまパン」も登場
下／モーニングの焼きたてスコーン（990円）とセットのコーヒー（660円）

指揮者、妻は元パーカッション奏者。生徒たちはグランドピアノが置かれた部屋で教えを受けていたらしい。
近くに住む岡崎さんが初めてこの家に足を踏み入れたのは、ご主人が高齢で亡くなった後のこと。家を手放すことにした妻、通称〝奥さん先生〟が招き入れてくれたのだ。
「いつもうちの二階から見ている中庭のツツジが、こっちから見るとこんなに大きいんですねと言ったら、奥さん先生が『ツツジを残したいのよね』とおっしゃって。『家が駐車場になるのは仕方ないんだけど、ツツジだけは』というお言葉に、どうにかして残せないものですかねと何気なく答えたら、『じゃあ、残してください』って」

　願いはそんなふうにさらりと、奥さん先生から託されたのだった。ひょっとするとツツジの精の願いも混じっていたのかもしれない。百年を経た道具には付喪《つくも》神《がみ》が宿ると言うけれど、百年愛でられてきた、生命ある植物ならばなおのこと。

　以前から歳月を経たものに心を寄せていた岡崎さんは、当時は司法書士の勉強をしながら司法書士事務所で働いていた。迷いや葛藤を抱えながらも、奥さん先生との会話から約一年後に家と庭をカフェへと再生したのだった。

「いま思えば怖いもの知らずだったのですが、幸運にも多くの友人知人が立ち上げに関わってくれました」

　リノベーションを依頼したゆくい堂は、「このままでいい……。このままがいい……」がコンセプト。

「この家にふさわしいと思いました。壁や柱の見た目は決してきれいではないけれど、むき出しのまま保存して、この空間に何かがあったというストーリーを残しましょうと」

寺町李青から譲り受けたカウンター

　窓は音楽家夫妻が防音のためにアルミの二重サッシに替えていたが、建築当初は木製だったであろうと木枠に戻し、デザイナーがその四隅に美しいアールを指定した。

　ところどころ表面の剥げた家具。書架にはたくさんの本。愛情を込めて再生されたカフェは遠方からもお客さまを迎えるようになったが、その中には往年の音楽家夫妻の教え子たちも交じっている。

　三十年ぶりにこの家を訪れて、教え子同士の連絡ノートに家が残されていた感激を綴《つづ》る人。亡き先生が指揮している写真を持参し、コーヒーを二杯注文して一杯を写真の前に捧げ、もう一杯を泣きながら飲んだ人。

「そのかたが帰る時に先生のお写真

右／中庭に臨むソファ席。柱のところどころにリノベーション時に壁を抜いてひと続きの空間にした痕跡が残る
左／最初の数年はギャラリーとして使用した部屋も客席に変更
下／窓ガラスが美しい

● menu（税込）

コーヒー各種　550円
［モーニング］
スコーン　990円
ホットドッグ　990円
［ランチ］※予約可能
季節の暦御膳　1,980円

● しょうあんぶんこ　map p155㉓
東京都杉並区松庵3-12-22
03-5941-3662
8:00〜22:00　※水は12:00〜
月・火休
JR「西荻窪」駅より徒歩7分

をくださったので、キッチンの高いところに飾って、困ったことが起きると手を合わせています（笑）」

嬉しいけれど困ることのひとつは、女性スタッフが次々に結婚しておめでたになることだという。どうもツツジが怪しい、もしや福の神なのではと、楽しい憶測も囁《ささや》かれる。

近年、京都・寺町にあったカフェ「寺町李青」から譲り受けた欅《けやき》と松の重厚なカウンターが店内に加わった。二〇二一年に始めたモーニングも好評で、次々にお客さまが訪れる。

カフェを出る際にもう一度モチノキを見上げ、先生の魂はこの常緑樹に宿って家全体のハーモニーを指揮しているのかもしれないと思った。そしてツツジには奥さん先生の心が宿り、岡崎さんにそっと想いを伝えてこの場を護り続けているのだ。

24

モモガルテン

桃園川のせせらぎを
想像しながら
モーニングを

中野坂上

緑道をたどっていくと、大きな柿の木や棕櫚《しゅろ》に護られた瓦屋根が見えてくる。戦後間もない頃に桃園川《ももぞのがわ》のほとりに建てられた、築八十年近い二軒長屋だ。いま、川は暗渠《あんきょ》となって地下を流れ、住まう人もなく放置されていた老朽長屋はカフェとして再生されている。

店主の嘉山隆司さんは長年ケースワーカーとして活躍し、小さなアパートを路上生活者の自立支援施設として運営する一般社団法人の理事をつとめた。そのアパートの大家さんに、隣接する空き家もどうぞと提供されたのがモモガルテンの始まり。ご近所のお年寄りや、路上生活から抜け出した人も含めて、地域の人々の居場所を作りたかった、と嘉山さん。あたたかな心がカフェに灯りをともす。

平日はモーニングのみ、日曜日はお昼前から営業。モーニングでは自立支援施設出身のスタッフが活躍している。

● menu（税込）
［平日モーニング］
セット各種　500円〜
［日曜カフェ］
ランチ各種　1,000円〜
コーヒー、紅茶　各500円

● ももがるてん　map p155 ㉔
東京都中野区中央2-57-7
03-5386-6838
月〜木 8:00〜11:00
日 11:00〜17:00／金・土休
東京メトロ・都営線
「中野坂上」駅より徒歩12分

上／2013年にカフェとしてオープン。長屋の改修は建築家の中西道也さん。古い土壁や隙間のあいた板壁をそのまま活かし、魅力的な空間が生まれた。テラスのビオトープにはメダカが泳いでいる。かつての川のせせらぎも小さく再生されているのだ
下／日曜カフェのメニュー、チーズケーキとモモガルテンブレンド（セット700円）

25

haritts

極上のドーナツは穴まで食べたい！

代々木上原

発酵生地で作るふんわりしたドーナツとスペシャルティコーヒーが人気の「ハリッツ」。一号店は閑静な住宅街の小径を入ったところにある。

人々は入れ代わり立ち代わりやって来てショーケースの前に立ち、真剣かつ幸福な表情でドーナツを選んでいる。

店舗は築五十年から六十年になるという一軒家だ。外装には手を加えず、室内の床と壁を塗るだけのシンプルな改装にとどめている。

「なるべく〈家〉な感じを残したかったのです。茶色と白のバランスが良かったので、それも変えないようにしました」

と、店長の豊田春菜さん。

「新しい建物には出せない、使いこんだ木の雰囲気がありますよね。よくお客さまが『落ち着く』と言ってくださいますが、そういうのはやはり古い家の力なのかなと思います」

上／2004年に姉妹2人でワゴンの移動販売からスタート、2006年に店舗を構えた
左／イートインスペースで揚げたてのふわふわドーナツを頬張る
下／雲のように軽やかな食感のプレーン（240円）とカカオプレーン（240円）、台湾茶（480円〜）

● menu（税込）

アメリカーノ　400円〜
カフェラテ　490円〜
ドーナツ
　クリームチーズ　350円
　シナモンカレンズ　280円

● はりっつ　map p156 ㉕
東京都渋谷区上原1-34-2
03-3466-0600
10:00〜16:00　※土・祝は11:30〜
日休+不定休
東京メトロ・小田急線「代々木上原」駅より
　徒歩2分

風情豊かな佇《たたず》まい。単品の注文やテイクアウトも可能
[左ページ] 下右／機能美に満ちた手回しグラインダー、Weber Workshops の HG-2
下左／ハイキングスタイルのクーケカッフェ（1,500円）。ケトルのお湯にコーヒー粉を投入。コーヒーと好相性のキネッキブラ・ブラウンチーズ付き

26

FUGLEN SANGŪBASHI

ノルウェーのコーヒーの魅力を磨きあげた空間

参宮橋

ノルウェー・オスロの小さなカフェから始まった「FUGLEN」。富ヶ谷にオープンした「FUGLEN TOKYO」は、現地で愛飲されるフルーティーなコーヒーとカフェの文化、ノルウェーのヴィンテージデザインの魅力を伝えて人気を博してきた。二〇二四年に誕生した参宮橋店は、以前は盆栽店として使われていた古い木造アパートの一階部分をリノベーションし、「みがく」をコンセプトに、じっくり手間と時間をかけた独自のスタイルでコーヒーのコースを楽しませてくれる。

北欧の空や湖の色を思わせる壁。木組みの痕跡が残る柱。山小屋をイメージした空間の主役は、多様な質感を湛《たた》えた伊達《だて》冠石《かんむりいし》のカウンター。高性能で美しいコーヒー器具が整然と並ぶ中にバリスタが立ち、お客さ

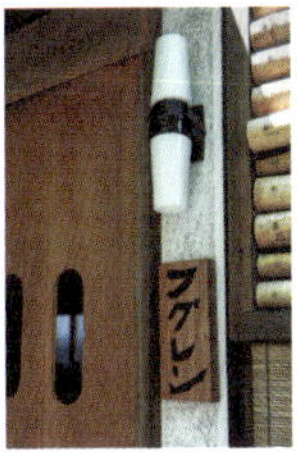

● menu（税込）

ハンドドリップコーヒー　1,400円
2種のコーヒーのコース　2,790円

● ふぐれん さんぐうばし
map p156㉖

東京都渋谷区代々木4-20-10
050-1720-3001
11:00〜18:00（LO17:00）／月休
小田急線「参宮橋」駅より徒歩3分

ま一人ひとりに向きあう姿は茶室の風景のようでもある。

　コース内容は最初にハンドドリップコーヒー、二杯目にノルウェーの人々がハイキングで楽しむ「クーケカッフェ」。バリスタが柔らかな口調で説明しながら目の前でコーヒーを抽出してくれる。

　手回し式グラインダーで豆を挽き、コーヒーに摩擦熱を与えないようにすること。挽いた粉をシフターと呼ばれるふるいにかけて選別するひと手間。雑味が出ないよう厳選したフィルターペーパー。そんな特別な工程を経てうつわに滴り落ちたコーヒーを口に含むと透明感が際だち、多彩な香りが花開くのを感じる。二杯目はキャンプさながらの楽しさ。この空間ならではのゆったりした時の流れを、深呼吸して。

27

古桑庵

四世代が暮らした家
風雅な庭の眺めに
心和んで

自由が丘

古桑庵風抹茶白玉ぜんざい（1,100円）にはお口直しの昆布が添えられる

「古桑庵」と刻まれた木札に誘われ、ゆかしい風情の庭に足を踏み入れると、そこは昭和生まれの人にとっては原風景にも似た世界。松に紅葉《もみじ》。つくばいの縁に置かれた柿の実。

飛び石をたどった先に玄関があり、靴を脱ぐと母屋へ案内された。

家は住まう人のライフスタイルと強く結びつき、人生の段階に合わせて増築・減築されていく。かつてはこの家に四世代の家族とお手伝いさん一人が暮らしていたそうだ。

「家族は曾祖母と祖父母、両親、それに私たち子ども二人の七人でした。私たちが成長すると個室が必要になって、昭和半ばに離れを作り、中二階に二間を増築しています」と、現オーナーの中山勢都子さん。母屋を建てた渡辺彦さんの孫にあたる。

中山さんの母の渡辺芙久子さんは

木漏れ日が揺れる庭。左手は大正時代築の母屋、正面は1954年に建てられた茶室

晩年に人形作家となり、年に一度、自宅をギャラリーとして作品を展示していた。その延長として一九九九年に家の一角でカフェを始めたのだった。芙久子さん亡き後、大正、昭和、平成を生きてきた家は中山さんに受け継がれる。

「母は孫のために古布で雛人形を作ろうと思って人形作りを始めました。私たちはそれを大雛と呼んで、いまも大事にしています。桃の節句には私が六十年前に買ってもらった雛人形も含めてここに飾るんですよ」

若い人がカフェを訪れると物珍しげに室内を見回すけれど、私にとっては子どもの頃から当たり前に身近にあったものばかり、と笑う中山さんに、時を重ねた家を保つ秘訣はありますかとお訊ねしてみた。

「毎日の清掃と、この家を私よりよく知っている高齢の大工さん、それから毎年手入れをお願いしてきた植木屋さんのおかげですね」

お話を聞きつつ、視線が床の間を飾る刀の数々に吸い寄せられる。

「祖父は剣道の師範でもあり、模造

上／盆栽にも小さな四季がめぐる
下右／人形作家だった渡辺芙久子さんの作品。季節ごとに展示を替える
下左／名門「東京ローンテニスクラブ」で祖父の渡辺彦さんが撮影した一枚。左は若き日の上皇陛下、右は上皇后陛下。お二人のサインがある

奥に見える旧応接間はギャラリーとして使われている。母屋の長押《なげし》には、現オーナーの曾祖父が横山大観に子犬を譲った際に大観から送られたという直筆の礼状も飾られている

● menu（税込）
コーヒー　700円
古桑庵風くろみつオーレ　700円
抹茶（和菓子付）　1,000円
抹茶フロート　1,100円
あんみつ　1,000円

● こそうあん　map p156㉗
東京都目黒区自由が丘1-24-23
03-3718-4203
12:00〜18:30
※土・日・祝は11:00〜
水休
東急線「自由が丘」駅より徒歩5分

刀が好きで集めていたんです」

じつは注目すべきは模造刀ではなく、その後ろの掛け軸のほうだった。なんと、夏目漱石が描いた絵なのだという。

祖父の渡辺彦さんは昭和半ばに母屋の横に茶室を建てたが、それに協力したのがテニス仲間だった小説家・松岡譲。夏目漱石の門下生で、漱石の長女に慕われて結婚した人物である。桑の古材を用いた茶室を古桑庵と命名したのも松岡だった。そんなゆかりから、漱石の俳句を正岡子規が添削した手紙も古桑庵に飾られているのだ。

目を閉じていると、この屋根の下で暮らした顔も知らない人々の生活音——祖父が茶筅を振る音や、母がハサミを動かす音、子どもたちの足音が微かに聞こえてくるようだ。

28

Hummingbird coffee

陰影深い空間に満ちる
「カフェを愛する理由」

学芸大学

昭和初期に建てられたアパートを改修して2017年にカフェをオープン。元は押入れだった部分にオーディオ装置がうまく収まった。季節や時間帯、お客さまに調和するように選ぶ音楽もカフェの大切な構成要素

鳥にまつわる名前のついたカフェは当たり、という個人的法則を発見したのはいつのことだったか、その集大成のような一軒だ。優しい静寂に包まれて一人で過ごしたい時にふさわしい。

灰色の濃淡と木の色調を重ねた陰影豊かな空間は、古いアパートの一階にある。カフェに生まれ変わる前は、和室を洋室にリフォームした、生活感がにじむ空間だった。

店主の吉村健さんは「物件契約時の書類には築四十五年と書かれていたのですが、それは増築した部分のようです」と語る。壁紙とボードを剥がしたところ、土壁の中から小舞が出てきて古い工法で作られていることが判明。柱の細さからも判断して、ベースの部分は築八十年ほどだったのではないか、という。

内装デザインは、センスを信頼する古道具店「はいいろオオカミ」の佐藤克耶さんに依頼してイメージを伝え、あたかも空間の化粧を注意深く落として、素肌を出して磨いていくような作業がおこなわれた。砂壁の砂を落とすと灰色の下地が現れたが、その魅力的な色を生かし、あえてそのまま使っている。

床を低くして上下にひろがりをもたせた店内に、吉村さんが選んだ古い家具や美しいオブジェを配して、小鳥も羽を休めに訪れそうな空間が完成した。

吉村さんが大切にしているのは、一杯のコーヒーを介したささやかな気持ちのやりとり。同じコーヒーでもあの人には濃厚に、あの人にはすっきりと、何気なく交わした短い会話から好みを把握し、季節にも合わせて、一人ひとりのために丹念に抽出をおこなう。

カフェの空気感も精妙に調えている。ルールの掲示は不粋だと悩みながらも、PCの使用を控えるよう扉にお願いを掲げることにした。その柔らかくもぶれない姿勢が「ハミングバードコーヒー」を愛する人々を増やしているのだ。

リピーターが多いこと、優秀なスタッフが長く働いてくれていることが嬉しいと吉村さんは言う。

「それぞれの人生の一時期をこのカフェで過ごすことに、何かしら価値を感じてくれてるのかなと思うと幸せですね。自分もそういうカフェで気持ちを切り替えたり、いい音楽や人に出会ったりしてきたから」

カフェの精神《スピリット》が宿る場所で、幸運を呼ぶハミングバードが歌っている。

[右ページ] 上／コーヒー豆によってハリオとコーノのドリッパーを使い分けて抽出
下／初夏から登場するレモンケーキ（600円）は、国産レモンを使った爽やかでいて繊細なおいしさ
[左ページ] 上左／目には見えないハミングバード（ハチドリ）が遊びに来そうな鳥の巣箱と、鳥の巣のオブジェ

● menu（税込）
珈琲各種　600円～
オ・レ・グラッセ　850円
紅茶各種　900円～
自家製スイーツ　550円～

● はみんぐばーど こーひー　map p156㉘
東京都目黒区鷹番2-15-22
　鎌倉荘102号
03-6451-0455
昼 13:00～18:00　※土・日・祝は12:00～
夜 20:00～24:00
木休
東急線「学芸大学」駅より徒歩4分

29
TENEMENT
五軒長屋のカフェで天窓の雲を眺める

恵比寿

築100年を超える五軒長屋の右から2番目、白い暖簾を下げているのがテネメント。1階はペットの同伴も可能

白金北里通り商店会は、東京大空襲も都市再開発もなんとか免れてきた稀有なエリアだ。昔ながらの畳店や豆腐店などがぽつりぽつりと営業を続けるなか、ひときわ目を引くのが築百年を超える五軒長屋。五つの店舗それぞれに新旧のお店が入居している。

その中の一軒「テネメント」はベイクドチーズケーキを専門とするカフェ。九種類もの個性豊かなチーズケーキばかりでなく、ランチやパフェも楽しめる。

オーナーは音楽家の猪野秀史さん。店内に流れていた彼の歌を細野晴臣と聴き間違えた私に、店長の小森宏子さんが「よく声が似ていると言われます」と笑い、細野さんもご近所なのでカフェに寄ってくれます、とつけ加えた。

上中／改修前の階段は逆向きで、途中に穴が空いていたそう
下左／黒豆のチーズケーキとコーヒーのセット（1,320円・税込）は、ほのかな塩気と黒豆の風味が魅力

● menu（税込）

コーヒー各種　680円〜
スパイシーチャイ　700円
ケーキセット　1,200円
パスタセット　1,200円〜

● てねめんと　map p156㉙

東京都渋谷区恵比寿2-39-4
03-3440-6771
11:30〜20:00（LO19:00）
不定休
東京メトロ「広尾」駅より徒歩10分

もともと喫茶店好きだった猪野さんたちは、散歩中に出会った五軒長屋の空き物件を改修し、現代とノスタルジックな風情が交差するカフェを開いた。

「内部はぼろぼろでしたが、大工さんが『二階の梁や柱がしっかり組んである。昔の大工仕事はすごい』と言っていて、どこまで手を入れるか判断に迷いました」と小森さん。実家は佐賀県の造り酒屋で、明治時代に建てられた建物で生まれ育ったため、雑巾がけや雨漏りの下に置くバケツなど、歳月を重ねた家の暮らしを豊かに記憶している。

天窓が欲しくて二階に小部屋を増築したのだという。その空間に座ると頭上をのほほんと雲が流れていくのが見える。都心のエアポケットの中の、さらなるエアポケットだ。

30

La vie a la Campagne

ヨーロッパの田舎暮らしを楽しむ空間

中目黒

白い壁に蔓が巻きついて、葡萄《ぶどう》が実っている。いつかヨーロッパの古い映画でこういう田舎の小さな教会を見たかしら、と思う。

漆喰の壁。斜めに射しこむ青白い光線。重たげな燭台。縁の欠けたマリア像——これが築六十五年になる二階建ての木造家屋で、元は和室だったなんて信じられるだろうか。

美しい魔法をかけたのはイタリア出身のロシャン・シルバさん。鎌倉で小さな古民家に出会って心惹かれ、最初のカフェ「la maison ancienne」をオープン。次にこの家を改修して一階をパン工房と服飾雑貨ショップ、二階をカフェにした。「光のバランスが大事」と、シルバさんは空間作りを語る。そのために、あえて塞《ふさ》いだ窓もある。仄暗さが存在するからこそ光が際立つのだ。

2012年にオープン。コンセプトは"ヨーロッパの田舎暮らし"

全体のテーマは「田舎の生活」。パン作りを始めたのもその一環だ。

「日本のパンはバターが多くて、もちもちしてる。イタリアで食べていたような素朴なパンがないので、自分で作ることにしました」

かつての田舎の生活は質素な食事だったはず、とシルバさん。

「おもてなしもパンと野菜のスープくらいで、古くなったパンも大事に食べていたと思います」

そんな発想から生まれたのが店名を冠した「ラヴィアラカンパーニュ」。パンをくりぬいてミネストローネとホワイトソースを入れ、チーズをのせてオーブンでこんがり焼き上げる。

「古くなっても生きているものを大切に」というシルバさんの言葉は、衣食住すべてに共通する理念だ。

右／名物の「ラヴィアラカンパーニュ」とコーヒーのセット(1,800円)
左／2階のカフェには100年前の家具も並んでいる

● menu（税込）
コーヒー　600円
ワイン　700円
キャロットケーキ　650円
ブレックファスト各種　1,300円
［ランチ］ドリンク・デザート付
ラヴィアラカンパーニュ　1,800円
鶏ハムのハニーマスタードチャバッタサンド　1,800円

● らゔぃあらかんぱーにゅ　map p156㉚
東京都目黒区上目黒2-24-12
03-6412-7350
9:00〜18:00　※土・日は〜19:00
水休／東急線「中目黒」駅より徒歩6分

右／背もたれに聖書入れの付いたチャーチチェア
左／「好きなものばかり集めた」という店内は細部に至るまで魅力的

31

藤香想

小鳥がさえずる
庭の四季を
愛でながら

要町

2015年2月オープン。改修前は和室だった空間に陽光が射しこむ

広い庭に実った梅やあんず、ハーブを使って飲みものやお菓子を作る本橋さんは「10周年を目前に、初心を思い出しながら、人々のつながりを大切に日々精進しております」と語る

窓辺に置かれたテーブルの表面が緑を反射して輝いている。この空間の目に見える主役は、窓。美しい庭の四季を慈しむために設けられた大きな窓だ。

目に見えない主役は、江戸の昔か紡がれてきた物語と、舌で感じるごはんの味わい。おつきあいのある千葉県香取郡東庄町《とうのしょうまち》の農家から届くお米や、古い醤油蔵で熟成した生しぼりの醤油がおいしさを支えている。東庄町は店主、本橋香里さんの祖父母の故郷なのだという。

緑豊かな庭の奥には、風格のある母屋がどっしりと構えている。ここで生まれ育った本橋さんは、同じ敷地内に一九五三年に建てられた家屋が空き家になったのを知り、一年間かけて熟考を重ねながら改修してカフェを開いた。

「陸」は国産牛肉を使ったローストビーフ丼のセット(1,925円)

「以前はこの庭に藤棚がありました。私の四代前の先祖が、江戸時代から明治にかけてだと思いますが、藤を栽培して街へ花売りに行き、財を成したと聞いています」

カフェの小さなテラスにも藤棚を作りたかったのだが、耐震上の問題で難しく、鉢植えの藤をひとつだけ残しているそうだ。

カフェ経営は未経験だった本橋さん。なぜお店を開いたのでしょう?

「この庭や家を囲ったままにしないで、皆さまに見ていただきながら残せないかなと検討していたんです。昔は毎日ご近所の方々が気軽に出入りして、えんがわに腰かけてお茶を飲んでいたのですが、そういうつながりもなくなってしまいました」

本橋さんは幼少期に四世代が同居する大家族生活を体験している。かつてこの街にあった人と人のつながりを、えんがわのようなカフェで甦らせることができたら――それが「藤香想」の願いである。

約十年でカフェはすっかり地域の人に親しまれる場所になった。朝市で仕入れてくる食材を使った料理を楽しむ人。二階で催すワークショップやイベントに集まる人々。「雪景色が見たくて」と、庭が真っ白になった日にわざわざ訪れる人。

「きれいな眺めでした。雪の反射で店内が明るくて」

そんな特別な日にカフェで交わす言葉は、人と人の距離をいつもより近づけてくれるのだろう。

本橋さんは文化財の保存活動にも携わっている。カフェから歩いて五分ほどの場所に残る富士塚は、江戸の庶民信仰を伝えるものとして、国

上／壁はギャラリーとして活用。要町は昭和初期に芸術家の卵のためのアトリエ付き借家が多く建てられ、「池袋モンパルナス」と呼ばれた。そんな歴史に重ねあわせて、イベントも多数開催している
左下／改修時に天井を取り払い、梁をむき出しにしている

の重要有形民俗文化財に指定されている。

「どう未来につなげていくか、街とつながりながら考えています」

藤と富士。この場所にはふたつの〈ふじ〉への想いが受け継がれているのだ。

● menu（税込）
コーヒー　660円
和紅茶（ポット）　770円
あかね餅　715円
雑穀マフィンパン各種　880円〜
「海」ネギトロ丼のセット　1,925円

● とうかそう　map p157㉛
東京都豊島区要町1-38-11
03-6909-4602
11:30〜21:00　※月・水は〜18:00
火休
東京メトロ「要町」駅より徒歩5分

長年親しまれた「そば処 蓮月庵」の姿を保つ
正面入口。新しい暖簾や紫陽花が彩りを添える。
大規模な改修工事には宮大工が腕をふるった
[左ページ] 右／店内の一角には分厚い扉の金
庫が残されている

32

蓮月

門前町の象徴だった お蕎麦屋さんの 物語を受け継ぐ

池上

池上本門寺の鐘が朝夕に聞こえる静かな門前町。総門のほど近くに、「蓮月」は九十年超の歳月を湛えて立っている。堂々たる風格の漂う照り屋根が、元は宮大工が建てた宿坊だったという来歴を物語る。藍色の暖簾をくぐる前に、まずその圧倒的な外観に魅了され、見上げながらしばらく佇んでしまう。

店内の印象を決定づけているのは、

往年のままの格子窓や天井、屋根のついた帳場、ガラス戸に残る「名代おそば」の文字だ。壁にはぼろぼろに剥がれた蕎麦の価格表が残され、変色した紙の下から、さらに古い時代の価格表が顔を出している。この建物は戦前から近年までお蕎麦屋さんとして使われてきたのだ。

　ある薄暮時、カウンターで注文したコーヒーとふかふかのおいしいマフィンを楽しみながら、ふと広大な蓮池を思い浮かべた。無数に咲きひろがる薄紅や白の蓮の花。そのひとつひとつが九十年超の間にこの場所に降り積もった記憶の断片である。

　たとえば薄紅の大きな一輪は、蓮月の保存プロジェクトの発起人の一人である茶道の先生が私に話してくれた炎の記憶だ。彼女は街が空襲に見舞われた時、池上本門寺の大伽藍が目の前で「紅蓮《ぐれん》の炎を上げて燃えさかる」光景を目撃したのだ。

「蓮月では夕方から時間がぐにゃりと歪むんですよ」

　店主の輪島基史さんは言う。

「時計の一分が十分になって、ぼーっとしているうちに誰でもない自分になっている」

　自分から解放されて空中を漂う。そんな摩訶不思議な宵《よい》が、蓮月にはたしかに訪れるような気がする。

　不思議といえば、リスクの大きい古民家でのカフェ開業を引き受け、献身的に運営してきた輪島さんの行動原理もちょっとした謎ではあったのだけれど。

　建物の来歴と、輪島さんが店主となった経緯をご紹介したい。建てられたのは一九三三年のこと。当初は宿坊として使われ、戦前に初代のお

朝は格子窓を通った陽光が窓辺に素晴らしい模様を描き、夕方は店内の灯りが路地に漏れる

蕎麦屋さんが入居した。一階は店舗兼住宅、二階は旅籠《はたご》だったらしい。その後、建物は幸運にも大空襲を生き延びて、一九五九年に二代目のお蕎麦屋さん「蓮月庵」が開業。以来、本門寺の参拝者が立ち寄る食事処として、二階は地元の人々の集会所として五十五年間にわたり親しまれてきた。

二〇一四年、お蕎麦屋さんの主人が高齢となって惜しまれつつ閉店。この時点ですでに築八十年を超えていた建物は、あちこち傷みが激しく、解体してマンションを建設する計画が持ち上がった。

歴史と街の記憶が刻まれた貴重な建築物をなんとか残せないものだろうか――そう願う地元の有志が保存プロジェクトを起ち上げた時、知人に声をかけられて参加したのが輪島

左／季節ごとに替わる蓮月ソーダ（990円）　右／マフィンはどれを選んでも正解

さんだった。

当時は蒲田で古着屋を営んでいた輪島さん。若い子が洋服ではなく会話を目当てにお店に通ってきたそうだ。難航していた蓮月庵の保存プロジェクトへの参加を依頼されたのは、ちょうど輪島さんが人々の居場所となるような飲食店を開こうと考えていた矢先のことだった。

人々の願いを背負ってカフェの再生に向け動き出した輪島さんは、改修工事や困難な交渉、スタッフ集めに奔走した。その努力が実り、多くの人々の協力を得て、二〇一五年秋に素晴らしい姿を保ったカフェ蓮月をオープン。コンセプトは〈家族〉だった。

昭和の風情が濃密にたちこめる空間の懐かしさと新鮮さ。カフェが映画の撮影に使われ、全国的な人気を博すようになってからも、輪島さんは町内の高齢者の会合に顔を出して交流を深めたり、蓮月で勉強する学生にドリンクを半額で提供する「自習割」を企画したりと、世代間の結び目のような役割を果たしてきた。次世代に継承されない限り、蓮月もこの土地に脈々と息づいてきた文化も途絶えてしまうから。

「自習割の時間に通ってきてくれた高校生にいろいろな話をしました。未来を作るのはあんたやで、って」

見事合格を果たした彼は、アルバイトを申し出て蓮月で働いていたそうだ。輪島さんはみんなのお父さん的存在ですね――何気なく口にしたそんな感想が、輪島さんの亡き父、政一さんの思い出話を呼び寄せることになった。

「生前の親父は犬の散歩で公園に行

上右／蕎麦店時代の縁起物
上左／障子の組子が美しい２階のお座敷。座ると本門寺が見えるようデザインされていた。32畳の広間としてイベントに活用しており、レンタルも可能。春には住民から寄贈された大正時代のお雛さまが飾られる
右／蕎麦の価格表。通貨の単位は「銭」。台風で窓ガラスが割れて強風が吹きこんだ際に紙の一部が剥がれ、さらに古い時代の価格表が顔をのぞかせている

くのが日課で。ある日、母が代わりに犬の散歩に行ったら、公園で会った人に『このワンちゃんを連れたおじさんが草むしりをしてくれたおかげで公園がすっかりきれいになった』と感謝されたそうなんです」

　無償の奉仕を惜しまなかった父の逸話の数々。輪島さんは年齢を重ねるごとに顔も体つきも父親そっくりになってきたそうだ。

　開業してもうすぐ十年。台風で破損した瓦屋根や土壁の修繕に悩みながらも、蓮月をめぐる物語は日々新たに増え続けている。

　ある日、お店の前に立ちつくす年配の女性に声をかけると、「この建物を建てた大工は私の父です」と言う。蓮月に残る古びた棟札《むなふだ》には、はたして彼女の父の名前が棟梁として黒々と記されていた。戦時下で一帯

に火が走った時、蓮月庵に逃げこんで一夜を明かした人の逸話もあり、人と建物がお互いを救ってきた歴史がうかがえる。

夏の暮れ方、窓辺の席で帰り支度をしていると鐘の音が空気を震わせた。本門寺の鐘楼では毎日、朝夕に鐘を突き続けているのだ。「昔の人も同じ音を聞いていたんですよね」と輪島さんは言う。「僕たちは次の世代に何を遺せるんでしょうね」

● menu（税込）
ブレンドコーヒー　690円
抹茶オレ　790円
大森山王ビール各種　1,200円
ガパオライス（副菜2種付）　1,790円
マフィン各種　590円

● れんげつ　map p157㉜
東京都大田区池上2-20-11
03-6410-5469
11:30〜18:00　※土・日・祝は11:00〜
不定休
東急線「池上」駅より徒歩8分

33

旧尾崎テオドラ邸

明治時代の洋館に
漫画家たちが新たな
生命を吹きこんで

豪徳寺

1888年に麻布に建てられた下見板コロニアル様式の洋館。後に洋館を譲り受けた英文学者の岡田哲蔵が1933年に現在の場所に移築した

世田谷区豪徳寺の閑静な住宅街。緑の樹々に半ば隠れるようにして、英国スマイソン社の便箋《びんせん》を思わせる水色の洋館が立っている。

一八八八年に建てられ、百三十六年にわたってあまたの物語を紡いできたその洋館の最初の持ち主は、伝聞では東京市長・尾崎行雄と言われてきた。日米友好のためワシントンD.C.に桜を贈ったことでも知られる人物だ。

だが後年の詳しい調査により、洋館は男爵・尾崎三良がイギリス生まれの娘、テオドラ英子の来日時期に建てたものだったことが判明する。両者とも「尾崎」なのでちょっと混乱するが、同じ苗字をもつ行雄とテオドラは、偶然の一致に導かれて出会い、結婚することになる。

遠い昔の恋物語がひっそりと眠る洋館にひとめ惚れしたのが、近隣に住む漫画家の山下和美さん。贅沢な窓枠の造りや、センスのいい鉄製のアクセントを眺めては「日本一、薔薇が似合いそう」と憧れをつのらせ、まだ人の住まう館内を見学する機会に恵まれた。その際に、戦後の一時期は焼け出された人々が多数住んでいたという歴史も聞いたという。

二〇一九年、洋館は解体の危機に直面する。家主から工務店に売却され、洋館跡地に小さな住宅群が建設される――その計画を知った山下さんはすぐに保存をめざして動き出した。交渉は長期間にわたり困難を極めたが、漫画家の笹生那実さん、新田たつおさんの協力も加わり、奇跡的に解体を阻止。土地と洋館の取得に成功したのだ。そして「一般社団法人旧尾崎邸保存プロジェクト」を

木造建築の補修に必要な1億円の費用は、クラウドファンディングや漫画家たちの支援で集められた
[左ページ]上右／専属パティシェが腕をふるう伝統的な英国風アフタヌーンティー。インド産紅茶専門店「Pure Tips」の茶葉を使用
左中／2024年5～6月の展示。島尾伸三＋潮田登久子＋しまおまほさんの記憶を語る品々。下／尾崎行雄夫妻と子どもたち(1917年)

設立し、活用への道を歩み出した。

保存をめぐる波乱万丈は、山下さんの漫画『世田谷イチ古い洋館の家主になる』*に描かれているが、それはSNSを通してひろがった支援の声や多くの協力者に支えられて粘り強く困難を乗り越えていった、山下さん自身の洋館物語だ。

また、違う物語もある。二階のギャラリーに足を踏み入れた私は、「Return to '78-'85 洋館で暮らした私たち」と題した展示を通して、近くて遠い昭和の風景に出会った。昭和半ばの七年間、この館の一室に住んでいた写真家の島尾伸三さん・潮田登久子さん夫妻と、娘のしまおまほさんのおびただしい数の写真や思い出の品々が展示され、家というものが人の心に投げかける不思議な光や影を伝える。それは島尾さん一家

*『世田谷イチ古い洋館の家主になる』全3巻、山下和美（集英社）

●menu（税込）
コーヒー　1,000円
ダージリン　1,350円
ヴィクトリアケーキ　880円

● きゅうおざきておどらてい
map p157㉝

東京都世田谷区豪徳寺2-30-16
03-6413-5413
10:00〜18:00（入館は〜17:30）
木休、その他展示入替休館あり／東急線「宮の坂」駅より徒歩5分
※ギャラリー入場券+喫茶予約　1,000円
要事前購入。詳細は公式サイトへ

だけの、もうひとつの洋館物語だ。

長い廊下や階段の佇まいを味わいながら、根底に横たわる尾崎夫妻の物語を思う。苗字が同じ二人の〈誤配婚〉。テオドラに宛てた手紙が間違って行雄宅に配達されたのがきっかけで、二人の交際が始まったのだ。運命の手紙が、洋館誕生の一年前に創業したスマイソンの水色のレターセットに綴られていたらいい。

一階の喫茶室でアフタヌーンティーをいただいた。ヴィクトリアケーキをはじめ、みなきちんと手をかけたおいしさだ。漫画中心のギャラリーの展示に合わせて、作中に描かれたスイーツなどが登場することもある。

洋館が次の百年を迎えるために開かれた端正な喫茶室で、紅茶のほのかな湯気に、目を閉じる。

2009年オープン。改修前はシャッターしかなかった開口部に趣のある古い建具を入れて、こけしが似合う空間に

34

喫茶 居桂詩

可愛らしさと謎と哀愁と——
こけしの小宇宙

千歳船橋

OPEN
1階
2階
menu
コーヒー
紅茶
ハーブティ
チャイ・ココア
ビール・ワイン
サンドイッチセット
ラタトゥイユセット
ドリアセット
kinponさんの
キーマカレー
1000

上／お客さまの出入りを見守るこけしたち
左／人気のラタトゥイユドリア（1,100円）とクリームソーダ（680円）
［左ページ］階段裏の小さなテーブルは「自習室」とも「反省室」とも呼ばれる人気の席

本書でご紹介する中では最も新しい、一九七〇年代に建てられた棟割《むねわり》長屋。店内は数えきれないほどの可憐なこけしが並ぶ小宇宙だ。

以前は洋食店だった空間が、床や天井を剥がしたり、古道具店で調達した建具を取り付けたりの大改修を経て、落ち着きの中に〈えくぼ〉のような愛嬌が光る喫茶空間に変身している。

でも、もしあなたが初めての来店なら、どうぞまだ引き戸は開けないで。店内に入る前にウィンドウディスプレイにご注目。そこで最初のこけしたちが顔見せしている。

「こけしが苦手な人もいるから、店内にこけしがありますよとお知らせしたくて」と、店主のまりたまこさんは快活に言う。幼い頃、茶色くなった古いこけしに恐怖を感じた人もいるはずだからと。自分が愛情を注いで集めているものを冷静に眺められるからこそ、店内のこけし尽くしが嫌味にならず、「こんなところにも！」と、お客さまに宝探しの気分で楽しんでもらえるのだと思う。

引き戸に手をかけながら頭上を見上げると、こっそり、第二のこけしたちがいる。つい笑ってしまう。

一階では設計士がこだわった一枚板のカウンターに、大小のこけしが群生（？）している。狭い階段を上がった先に、ゆったりした空気をまとう二階席。押入れの襖を抜いたスペースにもテーブルが設けられているが、どこに座っても、ようこそと微笑みかけるような〈えくぼ〉を見つけられる。テーブルのそれぞれに置かれた可憐な砂糖壺やランプ、植物たち。古道具の清潔感。本や音楽

の選びかた。
「自分が好きなものばかり」と、まりさんは笑うが、単に好きなモノを集めただけではこんなお店は作れない。そこで過ごす人のために細やかに心をくばることで、初めて血の通った、愛される空間になる。
「控えめな遊び心があるといいなと思っています。基本的に一人でやっているのでお待たせしてしまうんですが、なるべくそれを感じさせないようにしたいなって」

そのために、書架やカウンターに並べる本も「読んだ人がこのページでクスッとなるかな、と妄想して遊びながら選んでいます」というのはさすがに趣味の領域だと思うのだけれど、そこまでするからこそ多くの人が繰り返し「居桂詩」を訪れて楽しんでいるのだろう。
「神は細部に宿るという言葉、本当にそうですよね」
こけしたちがえくぼを浮かべてうなずいた、と妄想してみる。

右／焦げ茶色で統一された空間に、こけしや雑貨の色彩が溶けこむ
左／小屋組が見える2階。和洋の家具が違和感なく組みあわされている

●menu（税込）
コーヒー　580円
紅茶　580円
ケーキセット　1,130円〜
サンドイッチ　1,000円
キーマカレー　1,150円

● きっさ こけし　map p157㉞
東京都世田谷区桜丘2-26-16
03-5477-4533
11:30〜21:00(LO20:30)
水休+不定休
小田急線「千歳船橋」駅より
徒歩1分

第2章

街道沿いの家、森に包まれた家

多摩地域の古民家カフェは森や庭の緑に包まれています。古びた建物が語るのは、林業や紡績業が盛んだった時代の記憶。絹や木綿の織物が街道を通って運ばれていく光景を想像しながら、コーヒーを一杯。

東京都下の古民家カフェ

35

POUND

昭和初期の民家を
白い花々の香る楽園に

あきる野市

六月は「パウンド」を訪れるのに最高の季節。昭和初期の平屋を囲む庭に、足元から頭上までさまざまな白い花が咲きそろう。ホワイトレースフラワー、夏雪葛《なつゆきかずら》ことルシアンバイン、アナベル。屋根の上まで枝をひろげるメラレウカの、ふわふわした綿雲のような花。

「オセアニアの植物を多く育てています。五月末から六月にかけての庭を楽しんでいただけたら嬉しい」

そう語るのは店主の岩田衣織さん、玲子さん夫妻。ジャンクガーデンには玲子さんが愛する植物が繁っている。庭の植物に包まれたカフェ空間は、北側の窓も南側の窓も緑の陰影に染まって美しい。

旅専門の編集者とフリーライターだった二人は、上海で暮らした五年の間に、戦前の租界時代の古い建物

1938年に建てられた平屋を、限られた予算内で居心地のいい空間へとリノベーション。隣町の製材所から木材をもらって床板とし、杉や檜《ひのき》、栗などさまざまな種類の木をパズルのように組みあわせて並べた。廃校になった小学校から椅子を譲り受けるなど近隣の人々の協力も得て、2018年10月にカフェとしてオープンした

が次々に魅力的なカフェやバーに生まれ変わるさまを見てきた。帰国後、自分たちもそんな空間でコーヒー屋を開きたいと、日本各地の古民家カフェを探訪すると同時に古民家の物件探しをスタート。

「山の自然と街の境目にある里山の風景に惹かれ、戦国時代の城跡が残る城山を背景にして落ちついた街並みが続くこの地区に決めました」と衣織さん。たまたま車から見かけたこの家の可愛らしさが記憶に残り、帰宅して不動産情報サイトを開くと売りに出ていたそう。

　長年住んでいた一家のおばあさんが最後に一人で暮らした家は、空き家になってからも親族がときどき手入れしていたおかげで、築約八十年になるとはいえ、庭も含めて決して荒れてはいなかった。岩田さん夫妻

右上／ふわふわ厚焼き玉子とハムをはさんだサンドイッチ（890円）と、衣織さんのラテアートに魅了されたご近所の高齢の女性が「絵のコーヒー」と呼ぶラテ（680円）。新鮮野菜をたっぷり添えた鶏肉のガパオライス（1,120円）も満足度が高い
左／土間で靴を脱いで店内へ

は「何気ない細部まで自分たちの趣味で選んで仕上げたい」と、仕事の合間を見つけては作業を進め、八年という歳月をかけて家屋も庭もセルフリノベーションをおこなう。その間に街の催しなどに参加して、地元の人々と交流を深めていった。

完成したのは二人のセンスを活かした、どの席を選んでも緑の気配を呼吸しながらくつろげるカフェ。天井や壁を抜いて開放的になった空間に、ヴィンテージ家具といきいきした植物たちが並び、あえて冬の夜中の寒さと引き換えに残した風情あるガラス戸が、季節ごとの風景を見せてくれる。

この日、私は玲子さんが担当する料理を楽しんだ後、コーヒーでしめくくった。佐賀市鍋島町のロースター「Have a nice coffee.」がパウ

多肉植物が並ぶ一角。衣織さんは春先の雨の日、カウンター席から見える山の風景も好きだという。雨に煙る杉林を白い霧が漂っていく幻想的な光景が目に浮かぶ。「お客さまが集中して混みあう日もあれば、本当に静かな日もあります」。雨の日に訪れれば幸運に恵まれそう

ンドのために焙煎するオリジナルブレンド。コーヒーの探究を深めてきた衣織さんがドリップする一杯は、飲み飽きない日常のおいしさだ。

ケーキを連想する店名に深い意味はないそうだが、辞書でpoundを調べ、タイプライターを叩く音（なるほど二人とも文章を書く仕事だ）、大きな音で演奏される（古民家で聴く雨や風の音？）、コツコツと仕事をやり続けるという説明文を見つけて、勝手にうなずいている。

● menu（税込）
コーヒー各種　580円
カプチーノ　680円
ガトーショコラ　550円

● ぱうんど　map p157㉟
東京都あきる野市戸倉208-2
042-588-5797
11:30〜16:30（LO15:30）
※土・日は〜18:00（LO17:00）
火・水・木休
JR「武蔵五日市」駅より
西東京バスに乗車、
「戸倉」バス停より徒歩1分

36

旧白洲邸 武相荘

白洲次郎・正子の美意識に貫かれた茅葺き屋根の家

町田

白洲次郎・正子夫妻が暮らした古民家「武相荘」は、竹林や樹の花に彩られた自然豊かな丘の上にある。ブアイソウとは、武蔵の国と相模の国の境に位置することと無愛想をかけた、次郎一流の洒落である。

ケンブリッジ大学留学時代に英国ダンディズムを身につけ、敗戦後の日本でGHQと対等に渡りあった次郎。数々の随筆に〈気品と邪険〉（松

[左ページ] 白洲ファミリーが暮らした茅葺き屋根の母屋はミュージアムとして公開されている
上／ミュージアムの一角
左／武相荘を訪れた河上徹太郎や小林秀雄らもこれでお酒を楽しんだだろうか。想像が膨らむ

岡正剛）を香らせた、目利きの正子。昭和の時代に独自の美意識を貫いて生きた白洲夫妻の暮らしは、現代の古民家再生スタイルの素晴らしいお手本でもある。

母屋は幕末期に建てられた養蚕農家。東京が初空襲を受けた翌年の一九四三年、都心から白洲夫妻が子どもたちを連れて引っ越してきたときは茅葺《かやぶ》き屋根から雨が漏り、床が抜けているありさまだったという。

「百年以上も経た家は荒れはてていたが、さすがに土台や建具はしっかりしており、長年の煤《すす》に黒光りがして、戸棚もふすまもいい味になっていた。私はまず大黒柱を磨くことからはじめた」（『鶴川日記』白洲正子）

近隣の人々の協力を得て屋根の葺

右／かつての穀物倉を白洲夫妻の他界後にバーとして改装。次郎ゆかりの品々を展示している
下／ガレージはカフェとして利用可能。80歳になるまでポルシェを乗り回していた次郎の車の同型車を展示

き替えをおこない、元の建物の良さを活かしながら審美眼にかなう家具を配していった正子は、「百年以上も住み慣れた農家には、土に根が生えたような落着きがあり…（中略）そういうものは一朝一夕で育つはずがないことを、住んでみて私ははじめて実感した」と綴っている。

　夫妻亡き後、その母屋をミュージアムとして第二のリノベーションをおこない、二〇〇一年に一般公開をスタートしたのは夫妻の長女である牧山桂子さんと夫の牧山圭男さん。さらに二〇一四年には次郎の工作室と子ども部屋として使われていた蚕《かいこ》部屋を改装し、料理人が腕をふるう本格的なカフェレストランとしてオープンさせた。

「家は住んでないとカサカサになり、どんどん駄目になっていく」と、圭男さんは語る。

「出版社の方々や正子の熱心なファンが『取り壊すのはもったいない』と切望してくれたこともあり、ミュージアムとして公開したのが二十三年前。季節ごとに繰り返し訪れてくださるファンが多いが、かつてここに次郎がいた、正子がいたというだけではつまらないと思ってレストランを作ったのです。武相荘には彼らの一風変わった生きかたと暮らしがありました。暮らしがあるところには食事がある。訪れた方々にも食事を楽しみながら充実した時間を過ごしていただきたい」

　メニューはいずれも白洲夫妻ゆかりの料理。正子はせいぜいトーストを焼く程度の料理しかしなかったが、桂子さんは夫や味にうるさい両親のリクエストに応えてプロも顔負けの

右／ミュージアムの展示品は季節ごとに替えられ、往年の夫妻の暮らしと美意識を伝えている
左／ついさっきまで白洲正子が座っていた、そんな空気感の書斎

料理を作っておられ、ここでもメニューの監修にあたった。

「時折朝、母から猫なで声で『トゥーラちゃん*、ちらしずし』と電話がありました」（『白洲次郎・正子の食卓』牧山桂子）

ランチにいただけるカレーは、正子の兄がシンガポールに行った際に友人宅でふるまわれて気に入り、わざわざ作りかたを教わってきたレシピに基づいている。こんもりと添えられたキャベツの千切りは、野菜嫌いの次郎になんとか野菜を食べさせようと企んだのが定番になったのだという。

「次郎は甘いものが大好きで、和洋に関係なく、食後にどらやきや饅《まん》頭《じゅう》、アイスクリームなどをバクバク

*トゥーラ……桂子さんの愛称

食べていました」という圭男さんの言葉に、稀代のジェントルマンの思いがけず可愛らしい一面をのぞいたようで微笑ましくなる。

厨房で作るどらやきの皮には、次郎が農機具などに押していた〈武相荘〉の焼印が押される。次郎にならって、ぜひ食後にどうぞ。

「正子はよく『日本文化は豊かな四季に育まれたものだから、自然とマッチして固有の文化になってゆる』と語っていました」と、圭男さんは回想する。

では、武相荘にめぐる四季の中で圭男さんがお好きな季節は？

「四季それぞれにいいけれど、あえて言うなら新緑の季節。庭の『鈴鹿峠』の石碑のところに紅葉《もみじ》がありますが、あのきれいな色には枯れる間際、死に際みたいな感じがある。それに対して緑が青々と茂る五月から七月頃は、生命の勢いが感じられていいですね」

新緑に映える茅葺き屋根。その維持には大変な費用がかかる。材料の茅場も消滅していく。次郎の死後に子どもたちが母屋を瓦《かわら》葺きに変えようとしたことがあったが、正子が憤然として「私が生きているうちは茅葺きにしてちょうだい」と言い切ったそうだ。

「苔が生えてきた茅葺き屋根は、見た目には美しいけれども、劣化が始まっている証拠。茅に油っ気があるうちは水をはじいている。劣化してくると水気を吸って虫が棲《す》むようになり、鳥が来て虫をついばんで穴が開いて、そこから屋根が駄目になっていくんです」

いま緑の中に輝いている屋根は、

カフェレストラン。かつては蚕部屋だった建物をリノベーション

二〇〇六年末から翌年にかけて京都・美山の職人に依頼して葺き替えをおこなったもの。その見事な屋根の下に、正子の書斎も次郎が腰を下ろしたソファも大切に保存されている。本に埋もれそうな書斎の机を眺めていると、万年筆を走らせる正子の〈気品と邪険〉がにじむ背中が見えてくるようだ。

カフェレストランにひょいと顔をのぞかせた桂子さんに、いまもお料理をなさるのですかと訊ねてみた。「朝昼晩していますよ。母親を反面教師として育ったから（笑）」

とはいえ、ものを見分ける目の確かさ、人生の楽しみかたはきっとご両親譲り。白洲家の人々が激動の時代に毅然として生きられたのは、この家が日々の暮らしをどっしりと支えていたからではないだろうか。

上／海老カレー（スープ付1,900円）、どらやき（900円）
左／天井を取り払って吹き抜けにしたカフェレストラン

● menu（税込）
珈琲　750円
本日のデザート　900円
次郎の親子丼（味噌汁付）
　1,700円

● きゅうしらすてい ぶあいそう
map p157㊱
東京都町田市能ヶ谷7-3-2
042-708-8633／11:00〜16:00
※土・日・祝は〜16:30
ディナー 18:00〜21:00
（完全予約制）
ミュージアム 10:00〜17:00
（入館は〜16:30）
月休（祝日は開館）、夏季・冬季休
※ミュージアム入場料　1,100円
小田急線「鶴川」駅より徒歩15分

37

繭蔵

織物で栄えた町の記憶が眠る大谷石倉庫

東青梅

古くから宿場町、そして織物の生産地として繁栄した青梅。現在の自然豊かで落ち着いた風景からは想像もつかないが、昭和二十年代から三十年代には、布団を包む木綿の生地「青梅夜具地《おうめやぐじ》」の生産が全盛期を

昭和期にはトラックを横付けにして青梅夜具地を積み下ろしした場所が、美しい庭に変わった。ナナカマドも大きく育って赤い実をつけている

迎え、町じゅうに織機の音が響いていたそうだ。

　広いギャラリーを併設するカフェ「繭蔵」は、青梅織物工業協同組合が所有する古い倉庫を改修してオープンした。二〇〇〇年、まだ古民家カフェが数えるほどしかなかった頃のことだ。

　最初の十年間はなかなか認知が広まらなかったそうだが、重厚な大谷石の空間の魅力と、「ふだんのごちそう」をテーマに地元の豊かな食材を活用した料理がしだいに人気を呼んで、いまでは遠方からもお客さまが訪れるようになった。

　大正末期に造られた建物の正式名称は、旧織物発券倉庫。市内で織られた色とりどりの青梅夜具地はすべてこの倉庫に集められ、品質検査を受けた後にトラックで全国に配送さ

上／店内風景。入口横の壁には、かつての蔵戸が飾られている
右／ランチの「繭膳」(2,500円) は、一汁五菜とごはん、デザートと黒豆茶のセット。この日は期間限定の、むかごごはんが楽しめた

2階のギャラリースペースは
屋根の木組みが壮観

上／繭蔵の向かいには青梅織物工業協同組合がある。その広い敷地内に残る旧織物加工工場を「さくらファクトリー」として改装。若い人々がアトリエやショップを構えている
右／工場の片隅に残された織機

れたのだ。

藺蔵代表の庭崎正純さんが「昔はこの倉庫の一階にも二階にも生地が積み上がっていたそうです」と教えてくれた。

「階段がなく、二階の梁《はり》に付けた滑車で生地を引き上げていた。人間ははしごで上り下りしたそうです」

庭崎さんは偶然見かけたこの倉庫に惹かれ、織物工業協同組合に使用を打診。三年がかりでプレゼンテーションを十数回繰り返し許可を得た後、改修に一年を費やした。

「内部は荒れていて、床と壁は落ちてましたね。大谷石や漆喰《しっくい》壁はそのまま残しながら、ちょっとモダンな感じに仕上げました」

入口の観音開きの古めかしい扉の内側には、もう一枚、新しい扉がある。ガラス面の流れるような装飾を見て「アールヌーボー的ですね」とつぶやいたら、庭崎さんが「まゆぐらという文字をデザインしているんです」と微笑した。訪れた際には、ぜひ解読してみてください。

ふと頭上を見上げると、驚くほど立派な太い梁が渡されている。

「この木はレッドシダー。洋小屋組という二階の総屋根を大谷石が支えているんです」

青梅の織物産業を守ってきた大谷石倉庫は、夜具地が生産されなくなった現在もその魅力を後世に伝えている。庭崎さんは藺蔵の向かいに残っていた、のこぎり屋根の旧織物加工工場などの建造物の保存を提案。そのひとつ、旧都立繊維試験場は三年前に都内唯一の木造映画館「シネマネコ」として再生され、町の記憶と新しい文化を紡いでいる。

織物を火災から守ってきた大谷石の壁

● menu（税込）
珈琲　700円
藺蔵特製 黒豆茶　700円
おとうふのムース　900円
菜食プレート　1,700円
蔵膳　4,500円

● まゆぐら　map p158 ㊲
東京都青梅市西分町3-127
0428-21-7291
11:00～16:30、夜は予約のみ
火休+不定休
JR「東青梅」駅より徒歩10分

上／緑したたる山々に抱かれた、のこぎり屋根の元織物工場。2014年、天然酵母ベーカリー＆カフェとしてオープン
［左ページ］以前は店内で販売中のパンのイートインスペースも兼ねていたが、2024年から「カフェならではの時間をゆったり過ごしてほしい」と、イートインを休止。スコーンやケーキなど、カフェ専用メニューが楽しめる

38

noco BAKERY & CAFE

のこぎり屋根の工場で パンとコーヒーの幸せ

青梅柚木

「ノコ」は天然酵母のパンと焼き菓子、コーヒーの深い香りを漂わせるベーカリーカフェ。天井近くの高い窓から一日を通して柔らかな光が回る空間は、かつては青梅夜具地の織物工場だった。

オーナーは佐藤晋里さん・えり奈さん夫妻。晋里さんは青梅に焙煎所をもつ自家焙煎珈琲の名店「ねじまき雲」の豆を挽き、店主直伝の抽出方法で静かに心を傾けながら珈琲を淹れている。

えり奈さんがパン作りを始めたきっかけは、お子さんの卵アレルギーだったそう。毎朝三時にキッチンに入り、液体天然酵母《ルヴァンリキッド》で発酵させたパンをふっくらと焼き上げる。ジャムやクリームもすべて自家製だ。「パン作りを教えてくださったかたが十八年間継いできた酵母をベース

上／優しい光に満ちた窓辺
右／じっくりと珈琲をドリップする晋里さん。夫妻はグラフィックデザイナーとしてのキャリアがあり、さりげなく美しい空間にそのセンスがうかがえる

に、ずっと種継ぎを続けています」

その素直で豊かな風味、ふわりとした食感が人気を呼び、遠方からも多くの人がパンを買いに訪れるようになった。そしてカフェでとびきりのコーヒーと、チーズケーキやスコーンを味わっていく。

されど、ノコの魅力はそのおいしさだけでは語り尽くせない。夜具地が織られなくなった現在も、この場所では日々、心躍る物語が織り続けられているのだ。

のこぎり屋根と呼ばれる北向きの三角屋根は、直射日光を避けて一日中安定した光を工場の奥までたっぷり採りこむための工夫である。織物工場が閉鎖された後はばね工場に変わり、やがて空き物件となったが、その佇《たたず》まいに惹かれた木工家具作家が借りて、工房とした。

「不思議な縁で、その木工作家さんも、改修工事のデザインをしたかたも、ねじまき雲のお客さま。まるで小説のような……というより、すでに『自由高さH』*という小説になっている場所なのです」

仕事と暮らし。地に足をつけて生きていくこと。それらについて真摯に考える人々の間で縦糸と横糸が交差し、織物が紡がれていく。

「おいしい」と「嬉しいね」を同時に感じられる場所にしたいという二人。えり奈さんが子ども時代の思い出を聞かせてくれた。

「母がお店をやっていて、夕方いっしょに帰るのですが、母はいつも私のコートのポケットにキスチョコをしのばせてくれて。それを探って食べるのが嬉しくて、いまもずっと心に残っているんです」

二〇二三年からノコの一角で小さな書店「くまのこブックス」を始めた。一人だけの出版社、夏葉社の本や障碍者のためのメディア「コトノネ」を扱い、著者を招いた読書会も催して参加者から好評を得ている。

「本を介していろいろなかたに、それまで聞けなかったお話が聞けるような機会が生まれています」

新たな横糸を加えて、のこぎり工場の物語は明日へと紡がれていく。

パン・ド・ミやセミハード系ブレッド、スコーンなど20～30種類が並ぶ。材料は国産小麦粉とよつ葉バター、きび糖、カンホアの塩など

● menu（税込）

コーヒー　600円
カフェオレ　700円
チーズケーキ　600円
スコーンセット　700円

● のこ べーかりー&かふぇ　map p158㊳

東京都青梅市柚木町2-332-2
0428-27-5456
販売　11:00~16:00
カフェ 13:00~16:00(LO15:30)
火・水休
JR「二俣尾」駅より徒歩14分

*『自由高さH』穂田川洋山（文藝春秋）

39

CAFE D-13、ときどき五味食堂

コーヒーの香り漂う
アメリカンハウス

東福生

横田基地周辺には一九五〇年代〜六〇年代に建てられた米軍関係者用の平屋がまだ少数ながら点在しており、米軍ハウス、アメリカンハウスなどと呼ばれている。当時の日本の若者が憧れた、アメリカ文化の香り

この日注文したのはケニア・キリムクユ地区で栽培されたスペシャルティコーヒーのハンドドリップ（480円）、ブルーベリーとクリームチーズのマフィン（350円）

がたちこめる建物だ。

　その中の一軒、D地区13号棟でカフェを営む五味夫妻は、米軍ハウスを愛する先輩たちにならって自分たちの家をただ「ハウス」と呼ぶ。

　複数の部屋をもつ店内は、古い木枠の窓や壁の質感を大切にしつつ、現代的で居心地のいいコーヒーショップのテイストに改修されている。カウンターの前でメニューを眺め、コーヒーとマフィンを注文した。

　五味恵さん・恵さん夫妻はどちらも元・獣医。「お好みに合わせたコーヒーを提案するのは、問診と共通点があるかもしれません」と冗談めかして語る。

　今日はどの部屋でコーヒーを楽しもうか、胸が躍る。バスルームの存在が、居住空間だった記憶を雄弁に物語る。白いタイルに残る錆《さ》びた蛇

2016年オープン。常緑のオオイタビに包まれた米軍ハウス。英語圏のお客さまも多い

口の風情に魅入られてしまう。

かつて重責を背負った多忙な生活を続けていた五味さんは、三年間だけ好きなカフェを開いてみようと物件を探し回り、庭付きのハウスに出会った。「ここに来たらみんな幸せになっちゃうだろう!?」と感じて契約。ハウスは米軍関係者が去ってから撮影スタジオに変わり、その後は空き家になっていたそうだ。

「ハウス文化の存続のため、古いハウスの資材を収集しては多数のハウスを補修しているかたがいます。その高山さん夫妻に本当にお世話になっています。長く住むことでわかる魅力があるのだと教わりました」

米軍ハウスが廃墟にも観光地にもならず、街の生活に溶けこんで続くことを願う五味さん。カフェはそのための最高の選択肢なのだ。

● menu（税込）
ラテ　520円
自家製ジンジャーエール　550円
マフィン各種　330円〜
アフォガート　520円

● かふぇでぃー13、ときどきごみしょくどう
map p158㊴
東京都福生市福生2219-D-13
TEL非公開
8:30〜18:00　※月は〜13:00
木休
JR「東福生」駅より徒歩4分

右上／コーヒーをドリップする五味恵さん。「コーヒーのおいしさは単体で完成するのではなく、時間と空間の中で味わってこそ印象に残るもの。ハウスの時間を気軽に楽しんでほしい」

40

耕心館

喫茶ストーリア

武蔵野の歴史を語る
豪農の家

瑞穂町

旧家の風格が漂う門の左手には井戸が残る。敷地内には4つの井戸があり、醤油造りや飲料水に使われた

マユハケオモトの花。庭ではボランティアの人々が350種類以上の山野草を育てており、花の撮影を楽しむ来訪者も多い。庭にクマガイソウが群生しているのは、東京都下ではここだけとも言われる

レストラン時代の華麗なシャンデリア

屋根付き板塀が続く広大な敷地に、江戸末期の豪農・細渕家の母屋と土蔵が残されている。丈高い屋敷森に囲まれて武蔵野の旧家の面影を漂わせるその建物は、持ち主が手放した後、瑞穂町に買い取られ、二〇〇一年から文化イベントの舞台やカフェとして親しまれている。

手入れの行き届いた庭に季節の山野草が揺れる。母屋に足を踏み入れ、吹き抜けの階段と煌《きら》めくシャンデリアに迎えられて目をみはった。

カフェでコーヒーをいただきつつ、古くからこの家をよく知る郷土資料館の方々に、豪農の家の三百年にわたる歴史をうかがう。

「耕心館の東側は日光街道に面しています。日光街道は八王子千人同心が日光東照宮に通うために整備された道で、一旗あげようと考える人たちが街道沿いに家を構えました。細渕家は一七〇〇年の初めという比較的早い時期にこの地に居を構え、大きな街道沿いの家という意味で『大海道』と呼ばれたのです」

この家の歴史は、そのまま江戸時代から平成までの多摩地区の産業と生活の変遷を物語っている。

「細渕家の歴代の当主は財を成して名主、戸長をつとめ、明治二十二年に元狭山村が誕生すると村長もつとめました」

細渕家は明治から大正にかけて養蚕に取り組み、母屋の天井をかさ上げして二階から四階までを蚕室としていたそうだ。現在も耕心館の二階にはその面影が見てとれる。

やがて昭和に入り養蚕業が下火になると、桑畑を茶園に変え、製茶業や醤油造りを始めた。

上／上品なレストラン空間をそのまま「喫茶ストーリア」として利用
左／コーヒー（450円）

かつては蚕部屋だった2階フロアにグランドピアノが置かれ、人々が音楽を聴きにやってくる。小屋組の太い木材は圧倒的な存在感を放つ

「昭和十五年の電話帳を見ると、細渕家の職業が醤油製造業と書かれています。現在の耕心館の事務室は、当時の店蔵だった建物です」

他に先んじて機械茶の製法を導入したのも細渕家だったという。

家業が変わるたびに建物が新築さ

●menu（税込）
紅茶　450円
クリームソーダ　580円
ハンバーグ　900円
シチューセット　1,300円
あんみつ（狭山茶付）
　700円

●こうしんかん きっさすとーりあ　map p158㊵
東京都西多摩郡瑞穂町大字駒形
富士山317-1／042-568-1505
開館　10:00〜21:00
カフェ 10:30〜21:00（LO20:00）
第3月休（祝日の場合は翌火休）、年末年始休
JR「箱根ケ崎」駅より徒歩20分

2013年、上皇上皇后両陛下が行幸啓され、耕心館で養蚕関係の展示と庭の山野草をご覧になった

れ、蔵の用途も変化していく。戦後はレンガ製造に挑戦した時代もあったそうだ。いまも耕心館の西側には焼成窯の高い煙突が残っており、夜間には照明に浮かび上がってモニュメントのように見える。

隣接する資料館の「伝承の広場」には樹齢三百年以上になる大欅《けやき》が枝をひろげているが、昭和四十年代にはその南側に細渕家のダンフスマ工場が立っていた。当時は好景気に乗って公団住宅が急増し、新建材の製造が間に合わないほどだった。

昭和五十年代末に母屋を改造し、高級フランス料理店を開業。「喫茶ストーリア」のインテリアは当時のものだ。大地を耕し、新事業を耕してそれぞれの時代を生きた人々に思いを馳せながら、喫茶のひとときを。

上／昼間はこの空間でカレーを味わいたいお客さまが開店と同時に訪れるので、予約がおすすめ
左／緑揺れるアプローチ。庭先のお稲荷さんは大家さんとの約束通り、板塀で囲ってある

41

カキノキテラス

柿の実が色づく
大正時代の家に躍る光と陰

八王子

八王子は江戸時代から織物産業で栄え、流通の拠点としても発展した宿場町。多摩地区唯一の花街がにぎわった痕跡が、現在でも黒塀通りにわずかにうかがえる。

「カキノキテラス」店主の鈴木孝子さんは「子どもの頃はまだ花街の大門と柳並木が残っていて、水路が流れていたんですよ」と振り返る。

そんな一角に立っていたのが築百年を超える古民家と、庭の柿の木。鈴木さんは毎日、歩いて通勤する途中にあるその空き家を眺めていた。

「仕事のかたわら、飲食店を開きたくてカフェスクールに通っていました。一年間の授業の最後に自分のカフェ計画をプレゼンテーションする課題があったのですが、『もっと自分がもっている資源を活かしなさい』とアドバイスを受けて。その時、

堂々たる梁や柱がカフェでくつろぐ人々を見守る。
窓辺に揺れる木漏れ日が美しい

揚げ野菜の彩りも美しい燻製牡蠣カレー（3個入り1,740円／5個入り1,960円）。ランチの一番人気は山形米澤豚のカツカレー（サラダ、ドリンク付1,850円）

● menu（税込）
コーヒー　580円
2種のわらび餅　800円
12品目の旬の野菜カレー　1,640円
ステーキ野菜カレー　2,150円

● かきのきてらす　map p158㊶
東京都八王子市田町5-1
042-634-8186
11:00～15:30(LO14:30)
不定休
JR「八王子」駅より徒歩15分

この家が思い浮かんだのです」

　翌日すぐに古民家を内見。高齢の大家さんに何度も交渉を重ね、庭先のお稲荷さんには触らないことを条件に借りることができた。

「この家は稲城市から移築したと聞いています。大正時代、大家さんのおばさんが八王子に嫁いでくる時に、家から離れるのが寂しくて建物ごとお嫁入りしたらしいんです」

　そんな逸話のある家をセンス良く改修し、欧風カレーを主役としたカフェを開くと、すぐに評判を呼んで行列ができるお店に。工夫を凝らした味と気前のいいボリューム、種類の豊富さが愛されている。

　気持ちのいいテラス席のあちこちで、愛犬連れの人々が笑顔を見せている。秋になると、その頭上に柿がたわわに実るのだ。

42

森のアトリエ

森の懐に抱かれた
築三百年の古民家で
昼食とおしゃべりを

八王子上恩方

手入れをしながら大切に守られてきた築300年の家。間取りは農村部で一般的な田の字型

冴えた青空に陽光がきらきらする日、高尾駅北口から陣馬高原下行きのバスに乗って、三十分間の遠足。目的地に近づくにつれてバス停の名前が民話のような味を帯びてきた。狐塚、力石、夕焼小焼。

下川井野で降りると、山と清流にはさまれて築三百年の大きな家が立っていた。「森のアトリエ」である。

家の左半分と右半分では明らかに建てられた時代が違う。和洋折衷ならぬ時代折衷である。まず、梁が真っ黒なほう——左手の築三百年の家屋におじゃましてみた。

座敷とえんがわに、時代を経た茶《ちゃ》箪笥《だんす》や座卓が並ぶ。そこに雑貨やうつわがぎっしり展示され、お客さまが熱心に見学している。

昭和六十三年に改修された右手の明るい家屋は、予約制のランチを楽

上右／背中合わせになった新旧の柱。古い大黒柱には釿《ちょうな》の粗い削り跡が残り、築年数を告げる。「江戸後期の家はもっと柱が太くて、カンナで仕上げてあるんです」
上左／ランチ（1,200円～2,000円）は事前予約制。店主が畑で育てた野菜のおいしさが好評

訪れた人にゆったり過ごしてほしいと、1988年に増改築した部分をカフェスペースに

● menu（税込）
コーヒー　400円
抹茶ラテ　500円
ごはんランチ　1,200円～
季節のランチ　2,000円
※ランチは予約制

● もりのあとりえ　map p158㊷
東京都八王子市上恩方町4603
090-4383-0387
4～12月の毎月1～10日、
11:00～16:00
冬季1～3月休
JR・京王線「高尾」駅よりバス26分、
「下川井野」バス停より徒歩2分

しむ人々でいっぱいだ。石井里実・美保子夫妻は定年後に自宅を改装し、このギャラリー&カフェを開いた。

「昔から改築に改築を重ねているんです。でないともたないからね。私が小さい頃は茅葺き屋根。囲炉裏《いろり》と五右衛門風呂もあった」と里実さん。

美保子さんが「いまならそれを活かせるんですが」と続ける。

「水回りも傷んでいたし、当時は子どもが小さかったので、便利さをとって半分壊し、半分残しました」

地元住民のあたたかい協力。作品を展示する作家たち。遠方からのお客さま。「古い家で数々の交流が生まれるのが嬉しい」と美保子さん。

冬は都心よりだいぶ気温が下がるが、コーヒー好きの里実さんにとっては、寒い日に薪ストーブの火の前で飲む一杯が格別なのだそうだ。

谷根千エリア

山手線・京浜東北線・常磐線
京成本線
日暮里・舎人ライナー
日暮里駅
西口
日暮里駅
谷中銀座
夕やけだんだん
セブンイレブン
セブンイレブン
ローソン
須藤公園
2
千駄木駅
HAGI CAFE(p34) ⑥
マルエツ プチ
ローソン·スリーエフ
朝倉彫塑館
谷中霊園
1
団子坂下
東京メトロ千代田線
散ポタカフェ のんびりや(p16) ②
花重谷中茶屋(p26) ④
谷中小学校
⑧ 喫茶ニカイ(p40)
上野桜木あたり(p30) ⑤
雨音茶寮(p64) ⑯
往来堂書店
カヤバ珈琲(p38) ⑦
大名時計博物館
旅館澤の屋
セブンイレブン
上野桜木
谷中六丁目
大黒屋
東京藝術大学
大学美術館
根津小学校入口
セブンイレブン
1
根津駅

浅草橋エリア

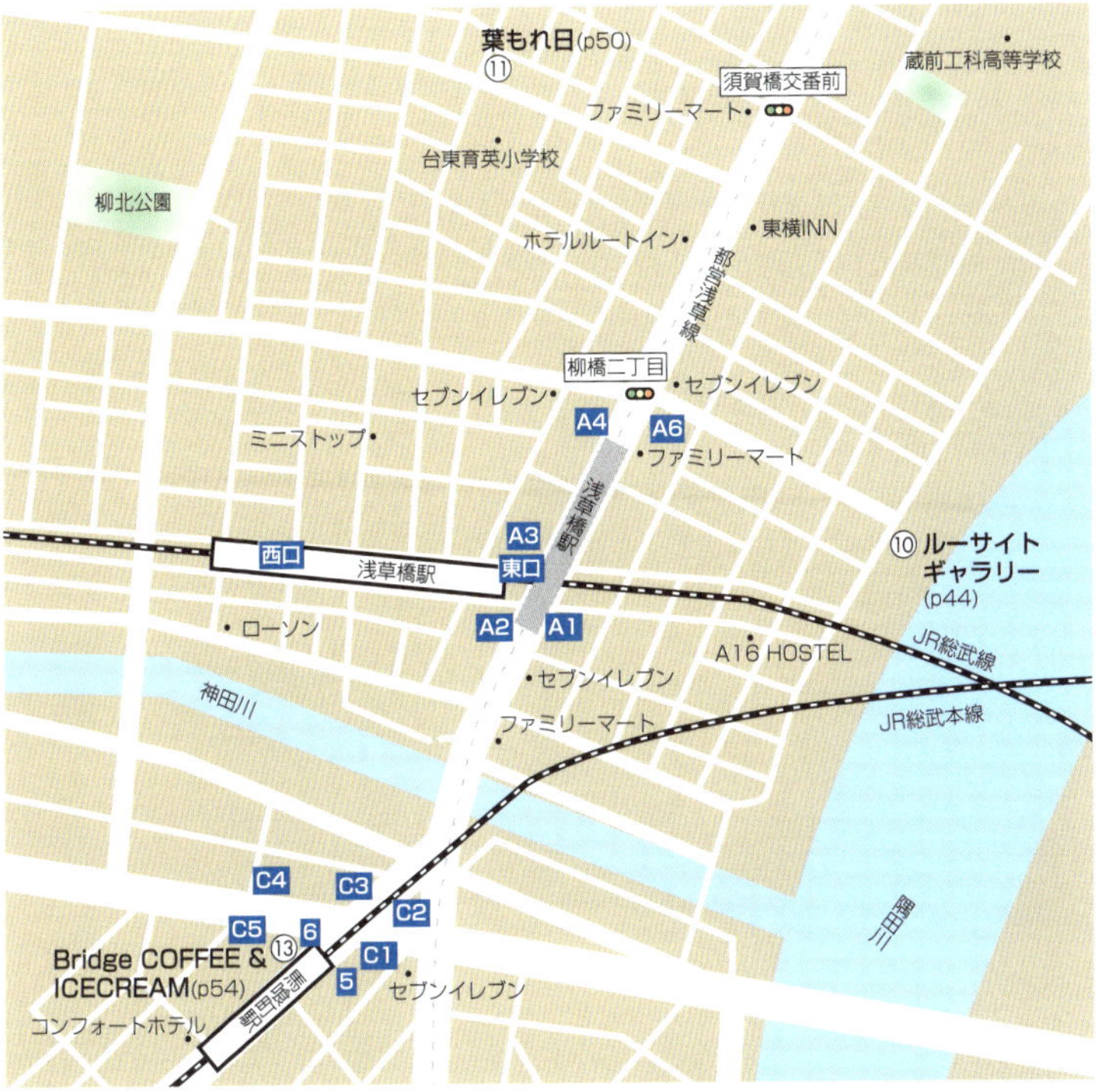

スカイツリーエリア

御茶ノ水駅

国立駅

浅草駅

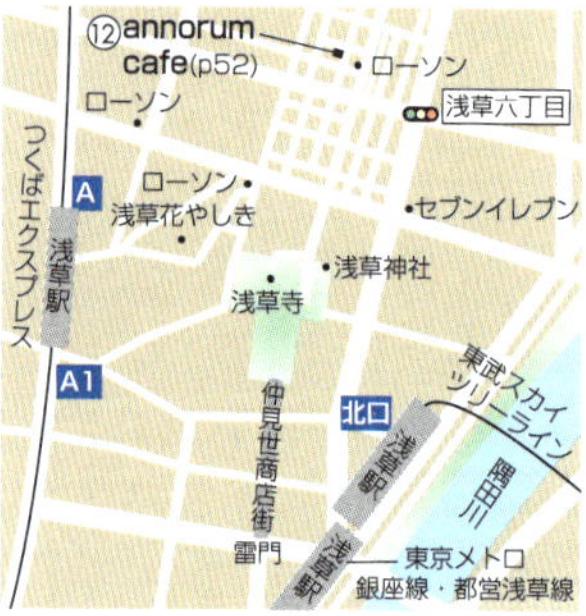

上野駅

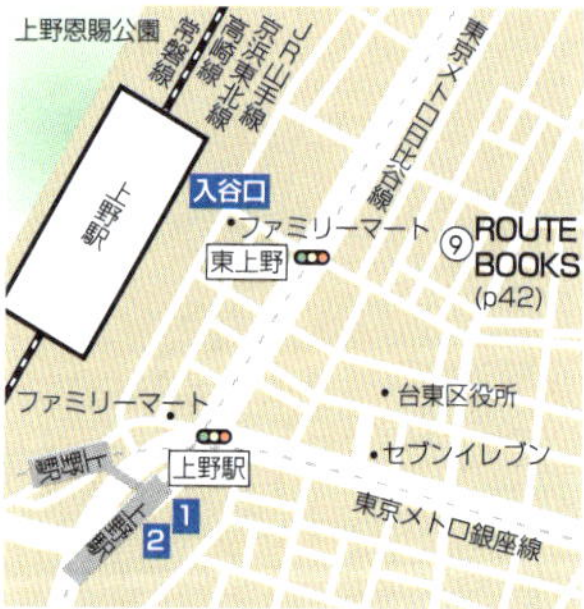

入谷駅

田原町駅

北千住駅

錦糸町駅

小川町駅・淡路町駅

赤坂駅

中野坂上駅

西荻窪駅

参宮橋駅

代々木上原駅

学芸大学駅

自由が丘駅

中目黒駅

広尾駅

池上駅

要町駅

千歳船橋駅

宮の坂駅・豪徳寺駅

鶴川駅

武蔵五日市駅

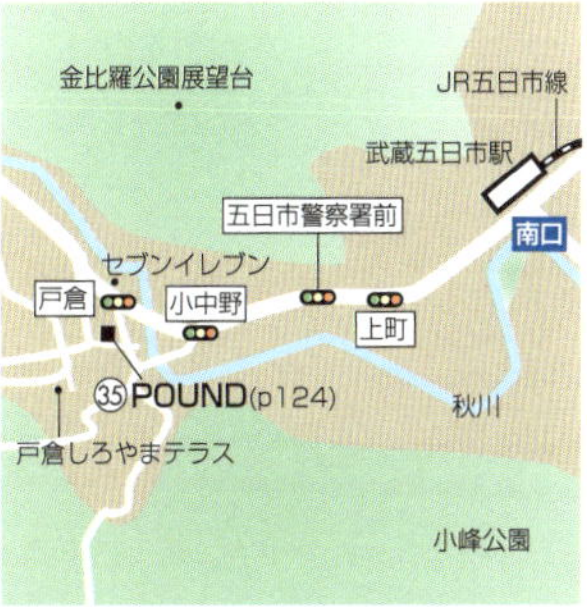

二俣尾駅

東青梅駅

箱根ケ崎駅

東福生駅

高尾駅

八王子駅

おわりに

古民家カフェを運営する方々から、可能な限り長くカフェを続けていこうという強い意志と、その原動力となる信念や価値観などを聞かせていただくことがあります。原稿執筆中にはそれらの言葉がもつ力に何度となく励まされてきました。

二〇一九年版、そして二〇二四年版にもご登場いただいた「蓮月」の輪島基史さんからのメールもそのひとつです。

「古民家といわれる建物に住んでいた人たちが、いまの社会を作ってくれました。僕たちはその上で当たり前の日常を生きています。その時代に生きていた人たちの未来への想いや幸せ配りの成果が、僕らの日常にあるのです。

僕はいつかいなくなります。生きている間にできることは、その時代を生きた方々のように、未来を生きている人に幸せを感じてもらえる何かを残していくことじゃないかと思っています。

古民家カフェの運営維持のハードルは高く、苦労も絶えませんが、可能な限り頑張っていこうと思っています。そのためには、多くの方々に古民家に触れる機会を生み続ける必要があります。『東京 古民家カフェ日和』という書籍は、僕らが続けていくための応援歌のような存在です」

心に残るお言葉をありがとうございます。本書でご紹介させていただいたすべてのカフェが、今後も多くの方々に愛され続けるよう願ってやみません。

二〇二四年秋　　川口葉子

著者
川口葉子（かわぐち　ようこ）
カフェと喫茶店を綴る文筆家・喫茶写真家。20年以上、カフェや喫茶店を訪れてきた経験をもとに、多様なメディアでその魅力を発信し続けている。著書に『京都　古民家カフェ日和』『金沢　古民家カフェ日和』（ともに世界文化社）、『新・東京の喫茶店』『喫茶人かく語りき』（ともに実業之日本社）他多数。

今日も、東京 古民家カフェ日和
新たな時間の旅42軒

発行日　2024年11月25日　初版第1刷発行

著者　川口葉子
発行者　岸 達朗
発行　株式会社世界文化社
〒102-8187　東京都千代田区九段北4-2-29
電話　03-3262-6632（編集部）
　　　03-3262-5115（販売部）
印刷・製本　株式会社リーブルテック

ISBN978-4-418-24221-4

本書は2019年3月に刊行された『東京 古民家カフェ日和』に追加取材・再編集を行った改訂版です。

本書に記載された情報は、2024年10月現在のものです。
情報は変更されることがありますので、お出かけの際は各カフェの公式サイト、SNSなどをご確認ください。

デザイン　阿部美樹子
イラスト　川原真由美
巻末地図　有限会社アールプランニング
校正　株式会社円水社
協力　石島隆子
編集　大友 恵